Lust auf Land

Sommerküche

Unser Verlagsprogramm finden Sie unter www.christian-verlag.de

Produktmanagement: Sabine Scheurer
Textredaktion: Maja Mayer für bookwise medienproduktion gmbh
Satz: Maja Mayer für bookwise medienproduktion gmbh
Layout und Umschlaggestaltung: Barbara Markwitz

Fotografie: StockFood GmbH, München
Herstellung: Bettina Schippel
Repro: Repro Ludwig, Zell am See

Druck und Bindung: Printer Trento
Printed in Italy

Die Deutsche Nationalbibliothek verzeichnet diese Publikation
in der Deutschen Nationalbibliografie;
detaillierte bibliografische Daten sind im Internet über
http://dnb.d-nb.de abrufbar.

1. Auflage 2011

ISBN 978-3-86244-042-9

Christian Verlag
Postfach 400209
80702 München
E-Mail: lektorat@verlagshaus.de

Lust auf Land
Sommerküche

CHRISTIAN

Inhalt

Vorwort

Ein milder Windhauch, der würzige Duft von Blumen und Kräutern, an jeder Ecke grünt und blüht es – so stellt man sich die warme Jahreszeit auf dem Land vor. Dieses Sommergefühl können Sie sich jetzt auch kulinarisch auf den Teller holen.

Was die Leichtigkeit der Sommerküche ausmacht, sind ihre erntefrischen Zutaten. Zu keiner anderen Zeit im Jahr als zwischen Juni und September gibt es eine größere Auswahl an Gemüse, Salaten und Obst direkt vom Feld aus heimischem Anbau. Das ist die beste Garantie für unverfälschten Genuss.

Salate mit einem leichten Dressing oder kleine Snacks bringen an heißen Sommertagen eine angenehme Erfrischung zwischendurch. Wählen Sie zwischen Radieschen-Gurken-Salat, dem ausgefallenen Artischockensalat mit Orangen und Rosmarin und vielen anderen Rezepten.

Gehen Sie auf die Suche nach Wildkräutern, zum Beispiel Bärlauch, Löwenzahn oder Gänseblümchen, die Ihren Gerichten nicht nur optisch Abwechslung bringen, sondern auch eine geschmackliche Vielfalt. Nutzen Sie auch die kurze Saison bestimmter Gemüsesorten wie Spargel, Blattspinat oder verschiedener Pilze.

Vegetarische Quarknocken, Ofenkartoffeln, Omelett oder doch Steckerlfisch, Hühnchen oder Rinderfilet – kombiniert mit saftigen Tomaten oder Kräutern, stillen sie auf leichte Sommerart auch den großen Hunger.

Variationen mit Eis, Früchten und Kuchen bieten für jeden Geschmack etwas Süßes und Erfrischendes. Spannende Kombinationen wie das Apfel-Basilikum-Eis sorgen für geschmackliche Überraschungen.

Eine besondere Empfehlung: Lassen Sie einen lauen Sommerabend mit prickelndem Holundersekt ausklingen.

Wir wünschen Ihnen viel Freude beim Nachkochen!

Salate & Snacks

Artischockensalat
mit Orangen und Rosmarin

Zutaten für 4 Personen

12–16 kleine Artischocken bzw. Babyartischocken

Saft von 2 Zitronen

2 Knoblauchzehen

6 EL Olivenöl

Salz

frisch gemahlener Pfeffer

150 ml Wasser

4 Zweige Rosmarin

Außerdem:

4 Orangen

2 EL Butter

1 EL Honig

Zubereitungszeit: 35 Minuten

1 Die Artischocken putzen, waschen, die äußeren harten Blätter entfernen und gegebenenfalls die Blattspitzen zurückschneiden. Vom Stiel nur das Ende abschneiden, den Rest schälen. Sehr kleine Artischocken ganz lassen, die anderen halbieren oder vierteln. Anschließend die Artischocken mit Zitronensaft beträufeln, damit sie nicht dunkel werden. Die Knoblauchzehen ungeschält mit dem Handballen zerquetschen, bis die Zehen etwas aufplatzen.

2 In einem großen Schmortopf das Olivenöl erhitzen und die Artischocken hineingeben. Knoblauchzehen dazugeben, salzen und großzügig mit grob gemahlenem Pfeffer bestreuen. Mit 150 ml Wasser aufgießen und die Rosmarinzweige dazugeben. Zugedeckt bei mittlerer Hitze 15–20 Minuten schmoren. Anschließend die Artischocken im Schmortopf etwas abkühlen lassen.

3 In der Zwischenzeit die Orangen mit einem scharfen Messer gründlich schälen und dabei die weiße Haut mit entfernen. Fruchtfilets aus den Trennhäuten schneiden und den dabei austretenden Orangensaft auffangen. Den Saft aus den Orangenresten pressen. Die Butter mit dem Honig in einer Pfanne erhitzen und die Orangen mit dem Saft dazugeben, 2–3 Minuten schmoren lassen.

4 Die Orangen mit den Artischocken und dem Rosmarin mischen, anrichten und lauwarm mit Brot servieren.

Wildkräutersalat
mit Kräutervinaigrette

Zutaten für 4 Personen

100 g gemischte Wildkräuter, z. B. Löwenzahn und Brennnessel

1 Handvoll Essblüten, z. B. von Gänseblümchen und Ringelblumen

4 EL Apfelessig

1 EL Akazienhonig

Salz

frisch gemahlener Pfeffer

3 EL Distelöl

2 EL Leinöl

1 Schalotte

1 EL frisch gehacktes Basilikum

Zubereitungszeit: 20 Minuten

1 Die Wildkräuter waschen und trocken schütteln. Anschließend die Blätter von den groben Stielen zupfen, und in mundgerechte Stücke zerpflücken. Die Essblüten verlesen und waschen.

2 Den Essig mit dem Honig, Salz, Pfeffer und den beiden Ölsorten zu einem Dressing verrühren, abschmecken, gegebenenfalls noch etwas Essig oder Honig hinzufügen – je nach Geschmack. Die Schalotte schälen und fein hacken. Mit dem Basilikum zum Dressing geben.

3 Den Kräutersalat und die Blüten dekorativ auf Tellern anrichten und mit dem Dressing servieren.

Radieschen-Gurken-Salat
knackig und frisch

Zutaten für 4 Personen

1 Salatgurke

400 g Radieschen

2 Stangen Staudensellerie

4 EL weißer Balsamicoessig

1–2 EL Zitronensaft

1 Prise Zucker

4 EL Traubenkernöl

Salz

Zubereitungszeit: 20 Minuten

1 Die Gurke waschen, längs halbieren und in Scheiben schneiden. Die Radieschen waschen, putzen, je nach Größe halbieren und in Scheibchen schneiden. Die Selleriestangen waschen, putzen und ebenfalls klein schneiden.

2 Den Balsamicoessig mit dem Zitronensaft, Zucker und Öl verrühren, eventuell noch 1–2 Esslöffel Wasser zugeben und mit Salz abschmecken.

3 Das Dressing unter das Gemüse mengen und in Schälchen gefüllt servieren.

Kressequark mit gehacktem Ei und Ziegenfrischkäse mit Bärlauch

1 Für den Ziegenfrischkäse mit Bärlauch die beiden Käsesorten in einer Schüssel miteinander glatt rühren. Das Pesto einrühren und mit Salz, Pfeffer, Kümmel und Koriander abschmecken. Etwa 30 Minuten ziehen lassen und servieren.

2 Für den Kressequark das Ei in Wasser etwa 8 Minuten hart kochen, kalt abschrecken, pellen und auf einem Stück Butterbrotpapier fein hacken (damit das Ei nicht am Brett haften bleibt).

3 Den Quark mit saurer Sahne und Senf glatt rühren, mit Salz, Pfeffer und Cayennepfeffer würzen. Die Kresse mit einer Schere ernten und einige Sprossen für die Garnitur zur Seite legen. Den Rest zum Quark geben und mit ¾ vom gehackten Ei unterheben, dann abschmecken. Mit dem restlichen Ei und der Kresse garnieren und in einem Schälchen anrichten.

Sowohl Quark als auch Frischkäse schmecken auf frischem Vollkornbrot besonders gut.

Zutaten für 2–4 Personen

Für den Ziegenfrischkäse mit Bärlauch:

100 g Ziegenfrischkäse

100 g Frischkäse (Doppelrahmstufe)

1 TL Bärlauchpesto (aus dem Glas)

Salz · Pfeffer

1 Prise gemahler Kümmel

1 Prise gemahler Koriander

Für den Kressequark mit gehacktem Ei:

1 Ei · 125 g Magerquark

70 g saure Sahne · 1 TL mittelscharf Senf

½ Kästchen Kresse (nach Belieben mehr)

Salz · Pfeffer · 1 Msp. Cayennepfeffer

Zubereitungszeit: 45 Minuten

Spinatsalat mit Radieschen und Bärlauch

Zutaten für 4 Personen

200 g Babyspinat
30 g Bärlauch
1 Bund Radieschen
4 Eier, hart gekocht
80 g Champignons
100 g Kirschtomaten
1 Bund Schnittlauch

Für das Dressing:

2 EL weißer Balsamicoessig
2 EL Zitronensaft
6 EL Olivenöl
Salz
frisch gemahlener Pfeffer
ungespritzte Gänseblümchen für die Deko

Zubereitungszeit: 20 Minuten

1 Den Spinat und den Bärlauch verlesen, waschen und trocken schleudern. Die Radieschen waschen, putzen und in dünne Scheiben schneiden. Die Eier pellen und längs in Viertel schneiden. Die Champignons putzen, mit einem feuchten Küchentuch abreiben und in Scheiben schneiden. Die Kirschtomaten waschen, trocken tupfen und halbieren. Den Schnittlauch waschen, trocken schütteln und in feine Röllchen schneiden.

2 Für das Dressing den Essig mit dem Zitronensaft und dem Olivenöl verschlagen und mit Salz und Pfeffer würzen.

3 Den Salat auf Tellern anrichten, mit dem Schnittlauch bestreuen, mit dem Dressing übergießen und mit Gänseblümchen garniert servieren.

Kressesalat mit Dicken Bohnen, Tomaten und Parmesan

Zutaten für 4 Personen

½ Kästchen Daikonkresse

400 g Tomaten

8 getrocknete Tomaten (in Öl)

1 Handvoll junger Rucola

250 g frische Kerne Dicker Bohnen

4 EL Öl · 6 EL weißer Balsamicoessig

50 g Parmesan, geraspelt

Salz · Pfeffer

Zubereitungszeit: 20 Minuten

1 Die Tomaten waschen, trocken tupfen und in Stücke schneiden. Die getrockneten Tomaten abtropfen lassen und in feine Streifen schneiden. Den Rucola waschen, verlesen und trocken schütteln. Die Daikonkresse waschen und ebenfalls trocken schütteln.

2 Die Bohnenkerne in kochendem Wasser etwa 10 Minuten garen. Anschließend abgießen und eiskalt abschrecken.

3 Alles miteinander mischen und auf Teller verteilen.

4 Das Öl mit Balsamicoessig mischen und darüberträufeln. Mit Parmesan bestreuen und mit Salz und Pfeffer würzen.

Durch das Abschrecken der Dicken Bohnen behalten die Kerne ihre frische grüne Farbe.

Gefüllte Tomaten
mit Getreidesalat

1 Beide Quinoa-Sorten gründlich waschen und mit der Gemüsebrühe aufkochen. Zugedeckt etwa 15 Minuten weich kochen und, falls nötig, noch ein wenig Brühe zufügen. Vom Herd nehmen und offen auskühlen lassen.

2 Die Tomaten heiß überbrühen und abschrecken. Auf der Unterseite mit einem scharfen Messer kreuzförmig einschneiden und häuten. Dann jeweils einen »Deckel« abschneiden. Das Fruchtfleisch herausschaben und die Tomaten auf diese Weise aushöhlen. Die Kerne entfernen und das übrige Fruchtfleisch fein hacken.

3 Den Knoblauch schälen, fein hacken und mit den gehackten Tomaten, Zitronensaft, Olivenöl und Basilikum vermengen. Mit Salz und Cayennepfeffer abschmecken. In die Tomaten füllen und mit den »Deckeln« servieren.

Zutaten für 4 Personen

4 große Tomaten
75 g roter Quinoa
75 g Quinoa
etwa 250 ml Gemüsebrühe
1 Knoblauchzehe
2 – 3 EL Zitronensaft
3 EL Olivenöl
1 EL frisch gehacktes Basilikum
Salz · Cayennepfeffer

Zubereitungszeit: 25 Minuten

Avocado-Kichererbsen-Salat
mit Joghurtdressing

Zutaten für 4 Personen

2 Avocados
400 g Kichererbsen (Dose)
200 g Radieschen
1 Romana-Salatherz
1 rote Zwiebel
100 g Joghurt
1 EL Crème fraîche
1 TL Honig
2–3 EL Limettensaft
Salz
Basilikumblätter (für die Garnitur)

Zubereitungszeit: 30 Minuten

1 Die Kichererbsen waschen und gut abtropfen lassen. Die Radieschen waschen, putzen und klein würfeln. Das Salatherz waschen, putzen und nach Belieben klein zupfen. Die Zwiebel schälen und in Ringe schneiden. Die Avocados schälen, halbieren, den Kern entfernen und das Fruchtfleisch in dünne Spalten schneiden.

2 Den Joghurt mit der Crème fraîche, dem Honig, Limettensaft und 3–4 Esslöffeln Wasser verrühren. Mit Salz abschmecken und in ein Glas oder Schälchen füllen.

3 Alle Salatzutaten dekorativ auf einer Platte oder vier Tellern anrichten, mit Basilikum garnieren und mit dem Dressing servieren.

Sommersalat
mit Käsewürfeln

Zutaten für 4 Personen

½ Salatgurke

etwa 150 g gemischte Salate, z. B. Rucola, Frisée, Radicchio und Feldsalat

250 g Kirschtomaten

300 g Bergkäse

1 Knoblauchzehe

2 EL Weißweinessig

1 TL Senf

1 Prise Zucker

Salz

frisch gemahlener Pfeffer

4 EL Olivenöl

Essblüten (für die Garnitur), z. B. von der Kapuzinerkresse

Zubereitungszeit: 25 Minuten

1 Die Gurke schälen, längs halbieren, mit einem Teelöffel entkernen und in kleine Würfel schneiden. Die Salate abbrausen, verlesen, trocken schütteln und in mundgerechte Stücke zupfen. Die Kirschtomaten waschen und halbieren oder vierteln. Den Käse in kleine Würfel schneiden.

2 Die Knoblauchzehe schälen und fein hacken. Den Essig mit Senf, Zucker, Salz und Pfeffer verrühren, den Knoblauch dazugeben und das Öl mit einem Schneebesen unterschlagen. Anschließend abschmecken.

3 Alle Salatzutaten in eine große oder vier kleine Schüsseln geben, das Dressing darübergießen, alles mischen und noch einmal abschmecken. Nach Belieben mit Essblüten garnieren und servieren.

Mit selbst gemachtem Kräuterbutterbaguette wird aus einem Beilagensalat ein herrlich frisches und leichtes Sommergericht.

Gegrilltes Gemüse
in Marinade

Zutaten für 4 Personen

1 Zucchini

4 Paprikaschoten (rot und gelb)

Meersalz · frisch gemahlener Pfeffer

Olivenöl · 1 Zwiebel

2 Knoblauchzehen · 100 ml Gemüsebrühe

Saft von 1 Zitrone · 1 TL Zucker

2 EL frisch gehacktes Basilikum

Zubereitungszeit: 30 Minuten
Grillen: 8 Minuten

1 Die Zucchini waschen, putzen und in Stifte schneiden. Die Paprikaschoten waschen, halbieren, putzen und in breite Streifen schneiden. Mit Salz und Pfeffer würzen und mit Öl beträufeln. Auf dem heißen Grill unter gelegentlichem Wenden etwa 8 Minuten grillen.

2 Währenddessen Zwiebel und Knoblauch schälen und fein würfeln. Die Gemüsebrühe aufkochen und beiseitestellen. Zwiebel, Knoblauch, Zitronensaft und 3–4 Esslöffel Olivenöl unterrühren. Mit Zucker, Salz und Pfeffer abschmecken und das gegrillte Gemüse untermengen.

3 Zum Schluss Basilikum hinzufügen und lauwarm abkühlen lassen. Nochmals abschmecken und servieren.

Dazu schmeckt frisches Weißbrot wie Ciabatta oder Baguette.

Tomatensalat
mit Petersilie

1 Die Tomaten waschen, den Stielansatz herausschneiden und je nach Größe halbieren oder würfeln.

2 Die Chilischote waschen, putzen und hacken. Den Knoblauch schälen und fein hacken. Beides mit der Petersilie, dem Balsamicoessig und dem Olivenöl verrühren und mit Zucker, Salz und Pfeffer abschmecken.

3 Die Tomaten untermengen und servieren.

Zutaten für 4 Personen

1 kg gemischte Tomaten, z. B. Kirschtomaten, gelbe und rote Tomaten

1 rote Chilischote · 1 Knoblauchzehe

2 EL frisch gehackte Petersilie

4 EL weißer Balsamicoessig

4 EL Olivenöl · 1 Prise Zucker

Salz · frisch gemahlener Pfeffer

Zubereitungszeit: 15 Minuten

Käsesalat mit grünem Spargel und getrockneten Tomaten

Zutaten für 4 Personen

600 g milder Schnittkäse, z. B. Gouda

500 g grüner Spargel

1 Zucchini

60 g getrocknete Tomaten (in Öl)

2 EL Olivenöl

Salz

frisch gemahlener Pfeffer

100 ml Gemüsebrühe

2 EL Zitronensaft

2 EL Pinienkerne, geröstet

1–2 EL Weinessig

Parmesan, frisch gehobelt (zum Bestreuen)

Zubereitungszeit: 15 Minuten
Garzeit: 7 Minuten

1 Das untere Drittel der Spargelstangen schälen. Anschließend den ganzen Spargel schräg in 2–3 cm lange Stücke schneiden. Die Zucchini waschen, putzen und in Stifte schneiden oder hobeln. Die getrockneten Tomaten in Streifen schneiden.

2 Den Spargel im heißen Olivenöl 4–5 Minuten anschwitzen, die Zucchini zugeben, salzen, pfeffern und 1–2 Minuten mitbraten. Dann mit der Brühe ablöschen. Den Zitronensaft darüberträufeln, die in Streifen geschnittenen Tomaten zugeben, alles vermischen, dann vom Herd nehmen und auskühlen lassen.

3 Den Käse hobeln, mit dem Gemüse und den gerösteten Pinienkernen vermengen und mit Salz, Pfeffer und Essig abschmecken. Mit gehobeltem Parmesan bestreut servieren.

Bauernbrot mit Kräuterbutter und Gänseblümchen

Zutaten für 4 Personen

1 Handvoll frische Kräuter, z. B. Borretsch, Rucola, Schnittlauch und Petersilie

60 g Butter · 4 EL Quark

4 Scheiben Bauernbrot

Salz · frisch gemahlener Pfeffer

Essblüten (für die Garnitur), z. B. von Gänseblümchen und Borretsch

Zubereitungszeit: 10 Minuten

1 Die Kräuter sorgfältig waschen, trocken schütteln, abzupfen und fein hacken.

2 Die Butter mit dem Quark cremig rühren und die Kräuter untermengen.

3 Die Kräuterbutter auf die Brotscheiben streichen und mit Salz und Pfeffer würzen.

4 Die Essblüten verlesen, dann dekorativ auf die Brote verteilen und servieren.

Bayerischer Wurstsalat
mit Zwiebelringen und Schnittlauch

1 Die Regensburger häuten, in dünne Scheiben schneiden und in eine Schüssel geben.

2 Für die Marinade die lauwarme Brühe, den Senf, den Essig, Salz und Pfeffer vermengen, dann das Keimöl unterrühren. Die Marinade über die Wurstscheiben geben und mindestens 2 Stunden durchziehen lassen.

3 Vor dem Servieren die Zwiebel schälen, in dünne Ringe schneiden und mit dem Schnittlauch unter den Salat heben. Abschmecken und servieren.

Zutaten für 4 Personen

5 Regensburger Würste

150 ml lauwarme Fleischbrühe

1 TL scharfer Senf · 2 EL Rotweinessig

Salz · frisch gemahlener Pfeffer

2 EL Keimöl · 1 Zwiebel

2 EL Schnittlauchröllchen

Zubereitungszeit: 15 Minuten
Marinieren: mind. 2 Stunden

Rucola-Paprika-Salat
mit Nussöl

Zutaten für 4 Personen

200 g Rucola
2 gelbe Paprikaschoten
1 rote Zwiebel
2 EL Weißweinessig
1–2 EL Zitronensaft
1 Prise Zucker
Salz
frisch gemahlener Pfeffer
4 EL Walnussöl
2 EL gehackte Walnusskerne
1 EL frisch gehackte Petersilie
Rucolablüten (für die Garnitur)

Zubereitungszeit: 20 Minuten

1 Den Rucola waschen, verlesen, bei Bedarf harte Stiele entfernen und mundgerecht zerrupfen. Die Paprikaschoten waschen, halbieren, putzen, entkernen, alle weißen Innenhäute entfernen und in dünne Streifen schneiden. Die Zwiebel schälen, halbieren und ebenfalls in Streifen schneiden.

2 Essig mit Zitronensaft, Zucker, Salz, Pfeffer und Walnussöl verrühren.

3 Rucola, Paprika- und Zwiebelstreifen in eine große Schüssel geben, das Dressing darübergießen, die gehackten Walnusskerne und die Petersilie zugeben und alles gründlich vermengen.

4 Abschmecken und mit Rucolablüten garniert servieren.

Brechbohnensalat mit Schalotten und Pinienkernen

Zutaten für 4 Personen

600 g Brechbohnen
Salz
250 g Schalotten
2 EL Öl (nach Geschmack)
2 EL Butter
100 g Pinienkerne
1 TL Puderzucker
6 EL weißer Balsamicoessig
Pfeffer

Zubereitungszeit: 30 Minuten

1 Die Bohnen putzen, die Enden abknipsen und die Fäden abziehen. Die Bohnen in reichlich Salzwasser in etwa 8 Minuten bissfest garen.

2 Die Schalotten schälen und putzen, dann vierteln oder sechsteln. Das Öl zusammen mit der Butter in einer Pfanne erhitzen und die Schalotten darin bei mittlerer Hitze dünsten. Die Pinienkerne zugeben und kurz anrösten. Alles mit Puderzucker bestäuben, leicht karamellisieren und den Essig unterrühren.

3 Die Bohnen abgießen, zu den Schalotten in die Pfanne geben, untermengen und alles mit Salz und Pfeffer abschmecken.

Der Brechbohnensalat kann sowohl warm als auch kalt serviert werden.

Zucchinisalat
mit Salami und Orangen

Zutaten für 4 Personen

3 Zucchini

1 rote Zwiebel · 3 Orangen

4 EL Olivenöl · 3 EL Apfelessig

Salz · frisch gemahlener Pfeffer

100 g Salami, luftgetrocknet (in Scheiben)

Zubereitungszeit: 25 Minuten
Marinieren: 15 Minuten

1 Die Zucchini waschen und in feine Scheiben schneiden. Die Zwiebel schälen und in dünne Ringe schneiden.

2 Zwei Orangen mit einem scharfen Messer wie einen Apfel schälen, dabei die weiße Haut vollständig entfernen. Die Filets von den Trennwänden lösen. Die dritte Orange auspressen und den Saft mit dem Olivenöl, Apfelessig, Salz und Pfeffer verrühren.

3 Zucchinischeiben, Zwiebelringe, Orangenfilets und Salamischeiben mit der Vinaigrette in einer großen Schüssel gut durchmischen und 15 Minuten ziehen lassen. Abschmecken und servieren.

Brotsalat
mit Gurke

1 Die Ciabatta in Scheiben schneiden und in 3 Esslöffeln Olivenöl goldbraun und knusprig braten. Auf Küchenkrepp abtropfen lassen.

2 Die Kirschtomaten waschen und halbieren. Die Zwiebeln schälen, halbieren und in Streifen schneiden. Den Knoblauch schälen und fein hacken. Die Gurke waschen, nach Belieben schälen, längs halbieren und würfeln oder in Scheiben schneiden.

3 Das gesamte vorbereitete Gemüse in eine Schüssel geben. Mit dem restlichen Öl, dem Balsamicoessig und dem Zitronensaft vermengen. Mit Salz und Pfeffer würzen und etwa 10 Minuten ziehen lassen.

4 Anschließend den Dill, den zerbröckelten Fetakäse sowie das Brot untermengen. Abschmecken und servieren.

Zutaten für 4 Personen

1 Ciabatta vom Vortag (etwa 500 g)

8 EL Olivenöl

500 g Kirschtomaten

2 rote Zwiebeln · 1 Knoblauchzehe

1 Salatgurke

2 EL weißer Balsamicoessig

2 EL Zitronensaft · Meersalz

frisch gemahlener Pfeffer

2 EL frisch gehackter Dill · 200 g Fetakäse

Zubereitungszeit: 30 Minuten
Marinieren: 10 Minuten

Gemischter Salat mit Spinat und Radieschen

Zutaten für 4 Personen

100 g Bataviasalat

100 g junger Spinat

1 Bund Radieschen

1 Rote Beete

100 g Mozzarella

1 Handvoll Basilikumblätter

Für die Vinaigrette:

4 EL Balsamicoessig

1 TL scharfer Senf

1 TL Honig

4 EL Olivenöl

Salz

frisch gemahlener Pfeffer

Schnittlauchhalme (für die Garnitur)

Zubereitungszeit: 30 Minuten

1 Den Salat und den Spinat verlesen, waschen und trocken schütteln. Die Radieschen waschen, putzen, halbieren und in Scheiben schneiden. Die Rote Beete schälen und in Stifte schneiden. Den Mozzarella abtropfen lassen und in kleine Würfel schneiden. Alles mit dem Basilikum vermengen und in Schälchen dekorativ anrichten.

2 Für die Vinaigrette alle Zutaten mit 2 Esslöffeln Wasser verrühren, über den Salat träufeln und mit Schnittlauch garniert servieren.

Vollkornbrotecken mit Frischkäse, Nüssen und Karotten

Zutaten für 4 Personen

4 Scheiben Vollkornbrot

2 EL in feine Streifen geschnittene Petersilie

1 EL fein gehackte Walnusskerne

150 g Kräuterfrischkäse

3 EL Zitronensaft

Salz · frisch gemahlener Pfeffer

2 junge Karotten · 1 säuerlicher Apfel

Zubereitungszeit: 20 Minuten

1 Einige Petersilienstreifen beiseitelegen, den Rest mit Nüssen, Frischkäse, 1 Esslöffel Zitronensaft, Salz und Pfeffer vermengen, abschmecken und auf die Brote streichen.

2 Die Karotten waschen und schälen. Eine Karotte längs halbieren. 1 ½ Karotten fein raspeln, die übrige halbe Karotte längs in sehr dünne Streifen hobeln.

3 Den Apfel waschen, vierteln, entkernen und fein raspeln. Apfel- und Karottenraspel mit dem restlichen Zitronensaft mischen. Dann mit der beiseitegelegten Petersilie auf die Brote verteilen.

4 Die Brote zum Servieren diagonal durchschneiden, nach Belieben aufeinanderstapeln und mit Karottenstreifen garniert servieren.

Gefülltes Brot
mit Hähnchenbrust und Gemüse

1 Das Baguette der Länge nach halbieren und aushöhlen.

2 Den Salat waschen, trocken schütteln und in dünne Streifen schneiden. Die Tomaten heiß überbrühen und abschrecken. Auf der Unterseite mit einem scharfen Messer kreuzförmig einschneiden und häuten. Dann entkernen und in Stücke schneiden. Die Karotten schälen und grob raspeln. Den Mozzarella abtropfen lassen und in Scheiben schneiden. Die Basilikumblätter waschen und trocken schütteln.

3 Die ausgehöhlten Brothälften nebeneinanderlegen. Den Deckel mit einer Lage Basilikum auslegen und den Mozzarella darüber verteilen, dann leicht salzen und pfeffern. Darauf die geriebenen Karotten geben, ebenfalls leicht würzen. Als nächste Schicht die Hähnchenbust verteilen und mit den Tomaten abdecken, wieder leicht salzen und pfeffern.

4 Den Boden mit Salatmayonnaise dünn ausstreichen, den Salat darauf verteilen und andrücken. Die Brothälften vorsichtig zusammensetzen und in Alufolie wickeln.

5 In 3–4 cm breite Stücke schneiden, Alufolie entfernen, auf Tellern anrichten und servieren.

Zutaten für 4–6 Personen

½ großes Baguette, z. B. Elsässer

⅓–½ Eisbergsalat

3 Tomaten

1–2 Karotten

200 g Mozzarella (fettarm)

Basilikumblätter

Salz · Pfeffer

etwa 350 g Hähnchenbrust ohne Haut (vom Brathähnchen), gegart und klein gezupft

2–3 EL Salatmayonnaise

Zubereitungszeit: 35 Minuten

Avocado-Spinat-Salat
mit Joghurt-Honig-Dressing

Zutaten für 4 Personen

2 Avocados
300 g junger Spinat
2 kleine Zwiebeln
1 Bund Schnittlauch
2 Äpfel
8 Radieschen
abgeriebene Schale und Saft von ½ Zitrone
200 g Joghurt
100 g saure Sahne
Salz
Pfeffer
1 TL Honig

Zubereitungszeit: 20 Minuten

1 Den Spinat waschen, trocken schleudern und in mundgerechte Stücke schneiden. Die Zwiebeln schälen, halbieren und in feine Würfel schneiden. Den Schnittlauch waschen, trocken schütteln und schräg in 2 cm lange Röllchen schneiden. Die Äpfel waschen, vierteln, entkernen und in feine Stifte schneiden. Die Radieschen waschen, putzen und ebenfalls in feine Stifte schneiden. Apfel und Radieschen mit etwas Zitronensaft beträufeln.

2 Den Joghurt mit saurer Sahne, Salz, Pfeffer, Honig, Zitronenschale und -saft verrühren.

3 Spinat, Schnittlauch, Zwiebeln, Apfel und Radieschen mischen, mit dem Dressing marinieren und abschmecken.

4 Die Avocados schälen, halbieren und in dünne Spalte schneiden, salzen und pfeffern. Den Salat auf Schälchen verteilen, die Avocados dekorativ darüber verteilen und servieren.

Dicke-Bohnen-Salat
mit Radieschen

Zutaten für 4 Personen

500 g frische Dicke Bohnen
1 l Gemüsebrühe
5 EL Zitronensaft
1 TL Salz
¼ TL weißer Pfeffer
1 TL Zucker
3–4 EL mildes Olivenöl
2–3 Frühlingszwiebeln (ohne Grün)
1 Bund Radieschen
4–5 junge Kapuzinerkresseblätter oder Kräuter (nach Belieben)

Zubereitungszeit: 30 Minuten
Ruhezeit: 2 Stunden

1 Die Dicken Bohnen verlesen. Gemüsebrühe aufkochen, die Bohnen hineingeben und zugedeckt bei schwacher Hitze etwa 15 Minuten weich garen (sie sollen aber noch einen ganz leichten Biss haben).

2 Inzwischen den Zitronensaft mit Salz, Pfeffer, Zucker und dem Olivenöl verquirlen.

3 Die Frühlingszwiebeln putzen, waschen und in feine Scheiben schneiden. Die Radieschen putzen, waschen und große Exemplare halbieren oder vierteln. Die Kapuzinerkresseblätter waschen und trocken schütteln, nach Belieben grob oder fein hacken.

4 Die Bohnen mit einem Schaumlöffel aus dem Sud heben und in die Marinade geben. Behutsam vermengen, dann die Zwiebeln untermischen und alles zugedeckt auskühlen lassen. Kurz vor dem Servieren die Radieschen untermischen und den Salat mit den Kapuzinerkresseblättern bestreuen.

Fruchtiger Kartoffelsalat
fürs Picknick

Zutaten für 4 Schraubgläser

8–10 gekochte Kartoffeln (vom Vortag)
400–500 g Kirschtomaten
1 EL Butter · 1–2 TL Zucker
8 EL Balsamicoessig
1 Bund Basilikum · 4 EL Olivenöl
Salz · Pfeffer

Zubereitungszeit: 30 Minuten

1 Die Kartoffeln schälen und in Scheiben schneiden. Die Tomaten waschen und halbieren.

2 Die Butter in einer Pfanne erhitzen, den Zucker darin karamellisieren, die Kirschtomaten mit der Schnittfläche nach unten hinzufügen und ebenfalls etwas karamellisieren lassen. Dann mit Balsamicoessig ablöschen.

3 Das Basilikum waschen, trocken schütteln und die Blätter abzupfen. Die Kirschtomaten, mit den Basilikumblättern und dem Öl zu den Kartoffeln geben und vermengen, mit Salz und Pfeffer abschmecken.

Für ein Picknick den Salat auf vier Schraubgläser verteilen, gut verschließen und mitnehmen. Auf dem Weg zieht der Salat durch und gewinnt noch an Geschmack.

Eingelegter Käse
und Birnen-Obatzter

1 Für den eingelegten Käse den Backofen auf 100 °C Umluft vorheizen. Limburger würfeln und in vier Gläser füllen. Die Kirschtomaten waschen, trocken tupfen und halbieren. Auf ein mit Backpapier belegtes Blech legen, mit Puderzucker und Salz bestreuen.

2 Knoblauch schälen und in Scheiben schneiden. Zu den Tomaten geben und mit abgezupften Rosmarinnadeln bestreuen. 4 Esslöffel Olivenöl darüberträufeln und im vorgeheizten Backofen etwa 2 Stunden trocknen lassen. Herausnehmen und auskühlen lassen.

3 Für die Marinade Schalotten schälen, in Streifen schneiden und auf die vier Gläser über den Käse verteilen. Chilischoten halbieren und mit Tomaten und Basilikum ebenfalls auf die Gläser verteilen.

4 Die Brühe mit dem Weißweinessig und 100 ml Olivenöl vermengen und in die Gläser füllen. Pfeffer zugeben und mindestens 30 Minuten ziehen lassen.

5 Inzwischen Birnen-Obatzten zubereiten: Das Toastbrot entrinden und in kleine Würfel schneiden. Die Butter in einer Pfanne erhitzen und die Toastwürfel darin goldbraun und knusprig anbraten. Auf Küchenkrepp abtropfen lassen.

6 Die Birne schälen, vierteln, entkernen und fein würfeln. Die Frühlingszwiebeln waschen, putzen und schräg in dünne Ringe schneiden.

7 Camembert, Frischkäse und Sahne mit einer Gabel zerdrücken und grob verrühren. Birnenstücke und Frühlingszwiebelringe untermengen, mit Salz und Paprikapulver abschmecken. In Schüsselchen füllen, mit den selbst gemachten Croûtons bestreuen und mit dem eingelegten Käse servieren.

Radieschen und Minibrötchen passen gut dazu und machen aus den Rezepten eine vollwertige bayerische Brotzeit.

Zutaten für 4 Personen

Für den eingelegten Käse:

300 g Limburger · 100 g Kirschtomaten

1 TL Puderzucker · 1 TL Salz · 1 Knoblauchzehe

1 Zweig Rosmarin · 4 EL Olivenöl

2 Schalotten · 2 Chilischoten · 6 Basilikumblätter

200 ml Gemüsebrühe · 4 EL Weißweinessig

100 ml Olivenöl · frisch gemahlener Pfeffer

Für den Birnen-Obatzten:

1 Scheibe altbackenes Toastbrot

1 EL Butter · 1 Birne · 4 Frühlingszwiebeln

250 g Camembert · 200 g Frischkäse

4 EL Sahne · Salz · Paprikapulver

Zubereitungszeit: 45 Minuten
Ruhezeit: 2 Stunden
Marinieren: 30 Minuten

Kräuter & Gemüse

Gurken-Gazpacho
mit Fetakäse

Zutaten für 4 Personen

2 Salatgurken (etwa 1 kg)
1 Knoblauchzehe
2 Frühlingszwiebeln
1 TL Senf
½ unbehandelte Zitrone
Salz
frisch gemahlener Pfeffer
1–2 TL Zucker
½ TL Kreuzkummel
2 Zweige Dill
100 g Fetakäse
1–2 EL Sesam

Zubereitungszeit: 35 Minuten
Kühlzeit: 2 Stunden

1 Die Gurken schälen, längs halbieren und mit einem Löffel die Kerne entfernen. Dann in Würfel schneiden. Den Knoblauch schälen und fein hacken. Die Frühlingszwiebeln putzen,waschen und in hauchdünne Scheibchen schneiden.

2 Alles zusammen mit dem Pürierstab fein pürieren.

3 Die Suppe mit Senf, ausgepresstem Zitronensaft, Salz, Pfeffer, Zucker und Kreuzkümmel würzen und abschmecken. Etwas Dill waschen, trocken schütteln, fein hacken und unterrühren. Anschließend die Suppe etwa 2 Stunden kalt stellen.

4 Den Fetakäse in kleine Würfel schneiden. Den Sesam in einer trockenen, beschichteten Pfanne anbräunen.

5 Zum Servieren den Gazpacho auf dekorative Gläser oder Schälchen verteilen, mit Fetakäse und Sesam bestreuen, mit einem Dillzweig garnieren und servieren.

Lattichcremesuppe
mit Schinkenstreifen

Zutaten für 4 Personen

1 Lattich (Romanasalat)

2 Schalotten

2 EL Olivenöl

500 ml Gemüsefond

250 g Sahne

Salz · frisch gemahlener Pfeffer

½ TL Chilipulver

frisch geriebene Muskatnuss

Zubereitungszeit: 30 Minuten

1 Den Lattich putzen (die äußeren harten Blätter entfernen), waschen und in Streifen schneiden. Die Schalotten schälen und fein hacken.

2 Das Öl in einem Topf erhitzen und die Schalotten darin sanft andünsten. Den Lattich dazugeben und bei milder Hitze zusammenfallen lassen. Den Gemüsefond angießen und aufkochen lassen, die Hitze reduzieren und zugedeckt 1–2 Minuten sanft köcheln lassen.

3 Den Topf von der Herdplatte nehmen und mit einem Pürierstab nach Belieben fein oder etwas gröber pürieren. Sollte die Suppe zu dick sein, nach Bedarf noch etwas Wasser (50–100 ml) hinzufügen.

4 Die Sahne angießen, den Topf zurück auf die Herdplatte stellen und noch einmal alles kurz aufkochen lassen. Mit Salz, Pfeffer, Chilipulver und Muskatnuss kräftig abschmecken. Heiß servieren.

Man kann nach Belieben 1–2 Esslöffel frisch geriebenen Parmesan in die Suppe einrühren oder auch Schinkenstreifen vom gekochten Schinken.

Gazpacho
mit Croûtons

1 Für die Suppe das Weißbrot in Wasser einweichen.

2 Die Tomaten heiß überbrühen und abschrecken. Auf der Unterseite mit einem scharfen Messer kreuzförmig einschneiden und häuten. Dann entkernen und klein hacken. Beide Paprikaschoten putzen, waschen und fein würfeln. Die halbe Gurke schälen, gegebenenfalls längs halbieren, entkernen und fein würfeln. Den Knoblauch schälen und fein hacken.

3 Das eingeweichte Brot mit Tomaten, Knoblauch, jeweils zwei Dritteln von Paprika- und Gurkenwürfeln, sowie Tomatenmark und -saft pürieren.

4 Die Suppe mit Olivenöl, Essig, Zucker, Salz und Peffer würzen und abschmecken. Für 1–2 Stunden in den Kühlschrank stellen.

5 Für die Croûtons die Butter schmelzen lassen. Das Weißbrot in kleine Würfel schneiden und in der Butter goldbraun anrösten.

6 Den Gazpacho durchrühren, auf Teller oder Schalen verteilen und mit den beiseitegelegten Gemüsewürfeln und den Croûtons bestreuen. Einen Zweig Petersilie als Garnitur auflegen und servieren.

Zutaten für 4 Personen

Für die Suppe:

1 Scheibe Weißbrot · 400 g Tomaten

1 rote Paprikaschote · 1 grüne Paprikaschote

½ Salatgurke (etwa 200 g) · 2 Knoblauchzehen

2 TL Tomatenmark · 200–300 ml Tomatensaft

2 EL Olivenöl · 1 EL Weißweinessig

1–2 TL Zucker

Meersalz · frisch gemahlener Pfeffer

Für die Croûtons:

3–4 EL Butter · 2 Scheiben Weißbrot

Petersilie (für die Garnitur)

Zubereitungszeit: 45 Minuten
Kühlzeit: 1–2 Stunden

Gelbe Tomatensuppe
mit Schnittlauch und Sahne

Zutaten für 4 Personen

750 g gelbe Tomaten · 1 Schalotte
1 Knoblauchzehe · 2 EL Olivenöl
1 TL getrocknetes Basilikum
500 ml Gemüsebrühe
Salz · frisch gemahlener Pfeffer
1 Prise Zucker · 2 EL Gin (nach Belieben)
100 g Sahne (mind. 30 % Fett)
1 Bund Schnittlauch
Paprikapulver zum Bestreuen

Zubereitungszeit: 20 Minuten
Kochzeit: 20 Minuten

1 Die Tomaten auf der Unterseite mit einem scharfen Messer kreuzweise einritzen, dann überbrühen, häuten, entkernen und klein schneiden.

2 Die Schalotte und den Knoblauch schälen, fein hacken und in dem Olivenöl glasig andünsten, Tomaten hinzufügen und kurz weitergaren, Basilikum und Brühe dazugeben, verrühren und zugedeckt etwa 20 Minuten köcheln lassen, dann fein pürieren und mit Salz, Pfeffer und Zucker würzen, nach Belieben Gin einrühren und abschmecken.

3 Die Sahne leicht steif schlagen. Den Schnittlauch waschen, trocken schütteln und in Röllchen schneiden.

4 Die Suppe in vier dekorative Schälchen füllen, die Sahne hinzugeben und mit dem Schnittlauch und dem Paprikapulver bestreut servieren.

Cremige Brunnenkresse-Kartoffel-Suppe

1 Die Kartoffeln waschen, schälen und würfeln. Die Brunnenkresse waschen, trocken schütteln und die Blättchen von den Stielen zupfen.

2 Die Zwiebel schälen und fein würfeln. Das Olivenöl mit der Butter in einem Topf erhitzen und die Zwiebel darin glasig anschwitzen. Die Kartoffelwürfel und die Stiele der Brunnenkresse dazugeben und mit der Gemüsebrühe aufgießen. Salzen und bei geschlossenem Deckel etwa 20 Minuten garen, bis die Kartoffeln weich sind.

3 Anschließend die Brunnenkressestängel entfernen, die Brunnenkresseblätter hinzugeben (etwas für die Garnitur aufheben) und fein pürieren. Die Crème double einrühren und mit Salz, Pfeffer und Zitronensaft abschmecken. In vier dekorative Schälchen füllen, mit der restlichen Brunnenkresse garnieren und sofort servieren.

Zutaten für 4 Personen

400 g mehlig kochende Kartoffeln
60 g Brunnenkresse (etwa 2 Bund)
1 kleine Zwiebel · 1 EL Olivenöl
1 EL Butter · 1 l Gemüsebrühe
Salz · 200 g Crème double
frisch gemahlener weißer Pfeffer
1 Spritzer Zitronensaft

Zubereitungszeit: 35 Minuten

Minestrone
mit Basilikumpesto

Zutaten für 4 Personen

Für das Basilikumpesto:

2 Bund Basilikum

1 Knoblauchzehe, geschält

30 g Pinienkerne

grobes Salz

25 g Pecorino, gerieben

25 g Parmesan, gerieben

3 EL Olivenöl

Für die Gemüsesuppe:

1 Bund Frühlingszwiebeln

3 runde Zucchini

300 g Kirschtomaten

300 g Dicke Bohnen

½ Blumenkohl

einige Borretschblätter (ersatzweise 1 kleine Schmorgurke)

2 Karotten

½ Romanesco

4 Knoblauchzehen

250 g grüner Spargel

5 EL Olivenöl

1 Stück Parmesanrinde

Salz

frisch gemahlener Pfeffer

300 g Lasagneblätter

Zubereitungszeit: 1 Stunde

1 Für das Pesto Basilikum waschen und trocken schütteln, dann mit Knoblauch, 20 g Pinienkernen und einer Prise vom groben Salz in einer Küchenmaschine zerkleinern. Nach und nach die geriebenen Käsesorten dazugeben und zu einer gleichmäßigen Paste verarbeiten. Zum Schluss langsam das Olivenöl einrühren, bis eine cremige Masse entsteht. Die restlichen Pinienkerne unterrühren.

2 Für die Suppe alle Gemüsesorten und Kräuter waschen, putzen und klein schneiden. Von den Frühlingszwiebeln nur das Grün in Stücke schneiden. Runde Zucchini in Spalten schneiden. Kirschtomaten nur waschen, ansonsten ganz lassen.

3 In einem großen Topf 1,5 Liter Wasser zu Kochen bringen. Bohnen und Blumenkohl im sprudelnd kochenden Wasser 5 Minuten garen. Dann Borretsch oder Schmorgurkenstücke, Karotten, Romanesco, Zwiebeln und Knoblauch dazugeben, die Hitze reduzieren und bei geschlossenem Deckel knapp 20 Minuten weiterköcheln lassen. Nach den ersten 5 Minuten den Spargel beifügen. Nach den gesamten 20 Minuten Zucchini zugeben und weitere 3 Minuten kochen. Dann 5 Esslöffel Olivenöl angießen und die Käserinde hineinlegen. Die Tomaten dazugeben, mit Salz und Pfeffer abschmecken und ein letztes Mal aufkochen.

4 Lasagneblätter im kochenden Salzwasser sehr bissfest garen. Mit einer Schaumkelle herausheben, auf Küchenkrepp legen, 3-mal der Breite nach durchschneiden und in die Suppe geben.

5 Die heiße Gemüsesuppe mit dem frischen Basilikumpesto servieren.

Risotto mit Gemüse,
Crostini, Pesto und Rosmarin

Zutaten für 4 Personen

400 g Risottoreis, z. B. Vialone
500–1000 ml Rinderfond
1 Zwiebel, fein gehackt
2 Knoblauchzehen, fein gehackt
250 ml Weißwein
5 EL Olivenöl nativ extra
2 EL frisch geriebener Parmesan
2 TL Butter
1 EL fein gehackte Petersilie
Salz
frisch gemahlener Pfeffer
4 Stangen Sellerie
500 g Kirschtomaten
4 Knoblauchzehen
1 Zweig Rosmarin
1 Handvoll Basilikumblätter
8 Scheiben Weißbrot, z. B. Baguette
1 Glas Basilikumpesto

Zubereitungszeit: 50 Minuten

1 Für den Risotto 3 Esslöffel Olivenöl in einem Topf erhitzen und Zwiebel und gehackten Knoblauch darin sanft andünsten. Den Reis dazugeben und so lange mitdünsten, bis er vom Öl glasig ist, dann den Weißwein angießen, diesen bei mittlerer Hitze unter Rühren ausdampfen lassen, dann etwas vom Rinderfond angießen. Bei mittlerer Hitze kochen lassen, immer wieder umrühren und immer wieder etwas vom Rinderfond angießen, bis der Risotto gar ist (bissfest). Das dauert etwa 20–25 Minuten.

2 Den Topf von der Herdplatte ziehen und Parmesan, Butter und Petersilie untermischen. Mit Salz und Pfeffer kräftig abschmecken.

3 In der Zwischenzeit das Gemüse putzen und waschen. Den Sellerie in Stücke schneiden, die Kirschtomaten ganz lassen oder nach Belieben halbieren. 2 Esslöffel Olivenöl in einer Pfanne erhitzen und Selleriestangen, die ganzen Knoblauchzehen, die Tomaten, den Rosmarinzweig und die Basilikumblätter 2–3 Minuten darin schwenken. Mit Salz und Pfeffer würzen.

4 Das Brot toasten oder rösten und mit dem Basilikumpesto bestreichen. Den Risotto mit dem Gemüse und mit jeweils einem Crostino anrichten und schön heiß servieren.

Man kann auch jedes andere Gemüse nehmen, auf das man gerade Lust hat.
Zu dem Risotto passt ein Glas Weißwein.

Bratkartoffeln
mit Pfifferlingen

Zutaten für 4 Personen

600 g Kartoffeln (festkochend), gegart
2 kleine Zwiebeln · 1 Knoblauchzehe
½ Bund Petersilie · 500 g Pfifferlinge
3 EL Butterschmalz
Salz · frisch gemahlener Pfeffer
1 Schuss trockener Weißwein

Zubereitungszeit: 35 Minuten

1 Die Kartoffeln pellen und in dicke Scheiben schneiden. Die Zwiebeln und den Knoblauch schälen. Die Zwiebeln halbieren und in Scheiben schneiden, den Knoblauch beiseitelegen. Die Petersilie waschen, trocken schütteln, die Blättchen abzupfen und fein hacken. Die Pfifferlinge putzen, größere Pilze längs halbieren.

2 In einer großen beschichteten Pfanne 2 Esslöffel Butterschmalz erhitzen. Die Kartoffeln darin bei nicht zu großer Hitze und nur unter gelegentlichem Wenden braten, bis die Kartoffeln auf beiden Seiten schön kross sind (etwa 10 Minuten). Gegen Ende der Bratzeit die Zwiebeln zugeben und goldbraun werden lassen. Anschließend salzen und pfeffern.

3 Gleichzeitig in einem Topf das restliche Butterschmalz erhitzen. Die Pfifferlinge darin 3 Minuten anbraten, salzen und pfeffern. Den geschälten Knoblauch durch eine Presse dazudrücken und mit Wein ablöschen. So lange braten, bis die Flüssigkeit fast verdampft ist.

4 Die Kartoffeln mit der Petersilie unter die Pilze mischen. Alles zusammen durchschwenken und kurz braten. Anschließend abschmecken und heiß servieren.

Gefülltes Gemüse (Tomaten, Riesenchampignons und Zucchini)

1 Für das Gemüse einen kleinen Topf mit Salzwasser zum Kochen bringen. Die Tomaten waschen. Von jeder Tomate einen flachen Deckel abschneiden und mit einem Löffel aushöhlen. Die Tomaten innen salzen und pfeffern.

2 Die Champignons putzen und vorsichtig die Stiele herausdrehen, anschließend würzen.

3 Die Zucchini putzen, in vier Stücke schneiden, mit einem Kugelausstecher aushöhlen und in dem kochenden Salzwasser 2 Minuten blanchieren. Dann abgießen, abschrecken, trocken tupfen und würzen.

4 Die Tomatendeckel, Pilzstiele und Zucchinifleisch hacken.

5 Den Backofen auf 200 °C Ober- und Unterhitze vorheizen. Eine Auflaufform ausfetten.

6 Für die Füllung die Gemüsebrühe mit 1 Esslöffel Olivenöl aufkochen. Den Couscous in die Brühe einrühren, vom Herd nehmen und 3 Minuten zugedeckt quellen lassen. Die Zwiebel und Knoblauchzehe schälen und würfeln. Den Fetakäse zerbröckeln.

7 Das restliche Öl in einer Pfanne erhitzen, Zwiebel, Knoblauch und das gehackte Gemüse unter Rühren anbräunen.

8 Das gebratene Gemüse, Basilikum und Crème fraîche mit dem Couscous mischen. Etwa ⅔ vom Fetakäse dazugeben, mit Salz, Pfeffer und gegebenenfalls Cayennepfeffer kräftig würzen.

9 Das ausgehöhlte Gemüse mit der Masse füllen und in die Form setzen. Mit Butterflöckchen und dem restlichen Fetakäse bestreuen und 20–30 Minuten garen. Vor dem Servieren mit Basilikum bestreuen.

Zutaten für 4 Personen

Für das Gemüse:

4 große Tomaten · 4 Riesenchampignons

1 große Zucchini (etwa 250 g)

Salz · frisch gemahlener Pfeffer

Fett (für die Auflaufform)

Für die Füllung:

125 ml Gemüsebrühe · 3 EL Olivenöl

125 g Couscous · 1 Zwiebel

1 Knoblauchzehe · 100 g Fetakäse

3 EL gehackter Basilikum · 2 EL Crème fraîche

Salz · frisch gemahlener Pfeffer

Cayennepfeffer (nach Belieben)

3 EL Butterflocken · Basilikum (für die Garnitur)

Zubereitungszeit: 30 Minuten
Garzeit: 20 Minuten

Quarknocken
auf Gemüse

Zutaten für 4 Personen

Für die Nocken:

100 g altbackenes Weißbrot

50 g sehr weiche Butter

2 Eier

½ unbehandelte Zitrone

250 g Magerquark

4 EL gehackte Kräuter, z. B. Basilikum und Petersilie

Salz

frisch gemahlener Pfeffer

frisch geriebene Muskatnuss

Für das Gemüse:

200 g Zucchini

200 g Staudensellerie

200 g Kirschtomaten

Olivenöl (zum Anschwenken)

1 EL gehacktes Basilikum

Salz

frisch gemahlener Pfeffer

Für die Garnitur:

frisch gemahlener Pfeffer

Basilikum

Zubereitungszeit: 30 Minuten
Ruhezeit: 30 Minuten
Garzeit: 10–12 Minuten

1 Für die Nocken das Brot sehr klein würfeln.

2 Die Butter cremig rühren. Dann die Eier, etwas abgeriebene Zitronenschale, Quark, Kräuter und Brot untermengen. Die Masse mit Salz, Pfeffer und Muskatnuss abschmecken. Alles gut durcharbeiten und 30 Minuten ruhen lassen.

3 In einem Topf Salzwasser zum Kochen bringen. Inzwischen die Zucchini, Sellerie und Tomaten putzen und waschen. Die Zucchini in Scheiben und Sellerie schräg in kleine Stücke schneiden.

4 Aus der Quarkmasse mit zwei angefeuchteten Esslöffeln Nocken formen und im siedenden Salzwasser 10–12 Minuten garen lassen, dann abseihen.

5 Währenddessen Öl in einer Pfanne erhitzen und Zucchini und Sellerie darin anschwitzen. Tomaten und Basilikum dazugeben und mit Salz und Pfeffer würzen.

6 Das Gemüse in Schüsseln anrichten, die Nocken daraufsetzen, mit Pfeffer bestreut und mit Basilikum garniert servieren.

Bärlauchpesto
mit Sesamcrackern

1 Die Bärlauchblätter waschen und trocken schütteln.

2 Anschließend die Blätter in feine Streifen schneiden. Die Pinienkerne in einer Pfanne ohne Fett leicht rösten. Mit einem Messer grob hacken und zusammen mit den Bärlauchblättern in einen Mörser geben. Gut durchreiben, bis alles fein zerkleinert ist. Den geriebenen Parmesan dazugeben, um die Masse zu binden.

3 So viel Öl hineinmengen, bis das Pesto eine geschmeidige, aber nicht flüssige Konsistenz hat. Mit Salz und Pfeffer abschmecken.

4 Zu Sesamcrackern oder Nudeln servieren.

Zutaten für 4 Personen

125 g Bärlauch
50 g Pinienkerne
30 g Parmesankäse, fein gerieben
125 ml Olivenöl
Salz
Pfeffer

Zubereitungszeit: 20 Minuten

Spaghetti mit selbst gemachtem Basilikumpesto

1 Für das Pesto die Pinienkerne in einer trockenen Pfanne goldbraun anrösten, dann erkalten lassen.

2 Das Basilikum waschen, trocken schütteln und die Blätter von den Stielen zupfen.

3 Die Knoblauchzehen schälen und grob hacken. Den Parmesan reiben.

4 Basilikum mit Knoblauch, Pinienkernen und Käse in einen Mixer mit etwas Olivenöl geben. Nach und nach so viel Öl untermischen, dass eine geschmeidige, aber nicht flüssige Masse entsteht. Dann nach Geschmack Salz zufügen. Das Pesto sollte kräftig nach den Zutaten schmecken und das Salz das Ganze abrunden.

5 Die Spaghetti nach Packungsanleitung in Salzwasser mit etwas Olivenöl bissfest kochen, abseihen und sofort in einer Schale mit dem Pesto vermengen.

6 Die Nudeln mit etwas geriebenem Parmesan und Basilikumblättern garniert servieren.

Zutaten für 4 Personen

Für das Pesto:

100 g Pinienkerne · 3 Bund Basilikum

3 – 4 Knoblauchzehen

1 Stück Parmesan (etwa 50 g)

100 – 200 ml Olivenöl · Salz (nach Bedarf)

Für die Nudeln:

500 g Spaghetti · 2 l Salzwasser

Olivenöl (für das Nudelwasser)

Für die Garnitur:

frischer Parmesan (zum Reiben)

Basilikum

Zubereitungszeit: 15 Minuten

Omelett
mit Zucchini

Zutaten für 4 Personen

Für den Zucchinibelag:

2 Zucchini

Olivenöl (zum Anbraten)

Salz

frisch gemahlener Pfeffer

Basilikum (zum Bestreuen)

Petersilie (zum Bestreuen)

Für die Omeletts:

1 Stück italienischer Hartkäse (etwa 50 g), z. B. Parmesan

8 Eier

70–80 ml Milch

Salz

frisch gemahlener Pfeffer

Butterschmalz (zum Ausbacken)

Zubereitungszeit: 20 Minuten
Garzeit: 30 Minuten

1 Den Backofen auf 100 °C Ober- und Unterhitze zum Warmstellen einschalten.

2 Für den Belag die Zucchini waschen und der Länge nach in sehr dünne Scheiben schneiden. Etwas Öl in einer Pfanne erhitzen und die Scheiben darin von beiden Seiten goldbraun braten. Dann mit Salz und Pfeffer würzen und warm stellen.

3 Für die Omeletts am besten mit zwei (beschichteten) Pfannen arbeiten, damit möglichst rasch serviert werden kann. Den Käse reiben – die Menge sollte etwa 3 Esslöffel Reibkäse ergeben.

4 Die Eier mit Milch, Salz, Pfeffer und Reibkäse verquirlen. Etwas Butterschmalz in der Pfanne erhitzen, ¼ der Eimenge hineingießen und das Omelett bei mittlerer Hitze rasch stocken lassen. Mit den Zucchinischeiben belegen und warm stellen. Den Vorgang weitere 3-mal zügig wiederholen, dann mit den Kräutern bestreuen und so schnell wie möglich servieren.

Ofenkartoffeln
mit verschiedenen Füllungen

Zutaten für 4 Personen

8 große Kartoffeln
1 kleine Aubergine
6 – 7 EL Olivenöl nativ extra
Meersalz · frisch gemahlener Pfeffer
½ rote Paprikaschote
1 mittelgroßer, frischer Steinpilz
250 g Crème fraîche (zimmerwarm)
1 – 2 Zweige Rosmarin

Zubereitungszeit: 50 Minuten

1 Den Backofen auf 180 °C Umluft vorheizen.

2 Die Kartoffeln in Alufolie wickeln und im vorgeheizten Backofen 50 Minuten backen.

3 In der Zwischenzeit die Aubergine waschen, quer in Scheiben schneiden und die Scheiben in 3 – 4 Esslöffeln Olivenöl von beiden Seiten goldbraun braten. Auf Küchenkrepp etwas entfetten und mit Salz und Pfeffer würzen. Warm stellen.

4 Die Paprika putzen und in Streifen schneiden. Dann in 1 Esslöffel Öl zugedeckt 4 – 5 Minuten dünsten. Mit Salz und Pfeffer würzen und warm stellen.

5 Den Steinpilz in feine Scheiben schneiden und in 1 Esslöffel Öl kurz anbraten, würzen, dann warm stellen.

6 Die fertigen Kartoffeln aus der Alufolie nehmen und halbiert auf eine vorgewärmte Platte stellen. Die Crème fraîche mit Salz, Pfeffer und 1 Esslöffel Öl verrühren, dann jeweils 1 Esslöffel auf die Kartoffelhälften geben. Das Gemüse jeweils einzeln darauf verteilen, das Ganze mit etwas Salz bestreuen und mit Rosmarin garniert sofort servieren.

Nach Belieben kann man auch andere Kräuter verwenden, etwa frischen Thymian. Auch Kresse schmeckt gut dazu.

Kartoffelomelett
spanisch inspiriert

1 Die gegarten Kartoffeln pellen. Die Tomate heiß überbrühen und abschrecken. Auf der Unterseite mit einem scharfen Messer kreuzförmig einschneiden und häuten. Dann entkernen und in Stücke schneiden. Die Kartoffeln in 1 cm dicke Scheiben schneiden.

2 Die Eier mit Salz und Pfeffer würzen und kräftig verquirlen. Den Parmesan, die Tomatenstücke und die gehackte Petersilie untermischen.

3 Das Olivenöl in einer großen Pfanne erhitzen und die Kartoffelscheiben flach hineinlegen, kurz anbraten, dann die verquirlten Eier darübergießen. Das Ei auf der unteren Seite gut stocken lassen, dann einen entsprechend großen Teller auf die Pfanne legen, die Pfanne schnell wenden (dabei den Teller gut andrücken) und das Omelett auf den Teller stürzen. Dann vom Teller wieder in die Pfanne gleiten lassen und die ungebratene Seite ebenfalls gut stocken lassen.

4 Das Omelett vorsichtig auf eine runde Platte legen, in Stücke schneiden und sofort servieren.

Zutaten für 4 Personen

3 Kartoffeln (festkochend), gegart

1 Tomate

5 Eier

Salz · frisch gemahlener Pfeffer

1–2 EL Parmesan, frisch gerieben

2 EL Petersilie, frisch gehackt

1 EL Olivenöl nativ extra

Zubereitungszeit: 20 Minuten

Wirsingfrittata
mit Tomatenchutney

Zutaten für 4 Personen

Für die Wirsingfrittata:

¼ Wirsing
150 g Pilze, z. B. Egerlinge
5 Eier
Salz
frisch gemahlener Pfeffer
3 EL Olivenöl nativ extra
frisch geriebene Muskatnuss
½ TL Ingwerpulver

Für das Chutney:

750 g reife Tomaten
1 Knoblauchzehe
1 Zwiebel
1 kleine Frühlingszwiebel
2 grüne Chilischoten
4 Gewürznelken
1 TL Senfkörner
1 Msp. Pfefferkörner
Salz (vorzugsweise Meersalz)
2 EL Rohrzucker
2 EL Weißweinessig
2 EL Balsamicoessig

Zubereitungszeit: 1 Stunde

1 Für die Frittata den Wirsing putzen, waschen und in feine Streifen schneiden. Die Pilze putzen und in feine Scheiben schneiden. Die Eier verquirlen und mit Salz und Pfeffer würzen.

2 2 Esslöffel Öl in einer Pfanne erhitzen und den Wirsing darin 5–6 Minuten bei mittlerer Hitze zugedeckt dünsten. Immer wieder umrühren, eventuell 1–2 Esslöffel Wasser dazugeben. Dann mit Salz, Pfeffer, Muskatnuss und Ingwer abschmecken.

3 Die Pilze in einer Pfanne mit 1 Esslöffel Olivenöl scharf anbraten, dann unter den Wirsing mischen. Die verquirlten Eier darübergießen und bei mittlerer Hitze stocken lassen. Die Frittata mithilfe eines Tellers stürzen und umgekehrt wieder in die Pfanne gleiten lassen (siehe auch »Kartoffelomelett«, Seite 71). Wieder gut stocken lassen, dann in Stücke schneiden und sofort servieren. Dazu das Tomatenchutney reichen.

4 Für das Chutney die Tomaten heiß überbrühen und abschrecken. Auf der Unterseite mit einem scharfen Messer kreuzförmig einschneiden und häuten. Dann vierteln, entkernen und in grobe Stücke schneiden. Knoblauch und Zwiebel schälen und beides fein hacken. Die Frühlingszwiebel und die Chilischoten waschen und in feine Ringe schneiden.

5 Gewürznelken, Senf- und Pfefferkörner in einen Mörser geben und zerstoßen. Mit den Tomaten, ½ Teelöffel Salz, dem Rohrucker und dem Weißweinessig in einem Topf unter Rühren 20–30 Minuten köcheln lassen, bei Bedarf etwas Wasser zugießen. Das Chutney mit Balsamicoessig abschmecken und noch sehr heiß in gut ausgespülte, luftdicht verschließbare Gläser füllen (vorzugsweise kleine, etwa 100 ml fassende Gläser mit Drehverschluss). Die Gläser fest zuschrauben, 10 Minuten auf den Deckel stellen, wieder umdrehen und abkühlen lassen.

Zucchinipuffer
einfach und lecker

Zutaten für 4 Personen

2 Zucchini
Salz
4–6 EL Semmelbrösel
2 EL frisch geriebener Parmesan
4 Eier (Größe L)
frisch gemahlener Pfeffer
½ TL Chilipulver
frisch geriebene Muskatnuss
2 EL Butterschmalz
Zitronenschnitze (nach Belieben)

Zubereitungszeit: 30 Minuten

1 Die Zucchini waschen, abtrocknen und fein reiben, dann etwas salzen und etwa 5–10 Minuten stehen lassen. Danach in ein feines Sieb geben und gut abtropfen lassen. Mit den Händen noch etwas auspressen und in eine Schüssel geben.

2 Die Zucchinimasse mit Semmelbröseln, Parmesan, Eiern, Salz, Pfeffer, Chili und Muskatnuss verkneten.

3 2 Esslöffel Butterschmalz in einer Pfanne erhitzen und den Zucchiniteig löffelweise (1–2 Esslöffel) in das heiße Fett geben, etwas glatt streichen, dann von beiden Seiten bei mittlerer Hitze goldbraun braten.

Mit Zitronensaft beträufelt, schmecken die Zucchinipuffer besonders gut, deshalb nach Belieben Zitronenschnitze dazureichen.

Spargel
mit grüner Soße

Zutaten für 4 Personen

1 kg weißer Spargel

1 Bund gemischte Kräuter, z. B. zu gleichen Teilen Borretsch, Kerbel, Sauerampfer, Pimpinelle, Petersilie und Dill

250 g Crème fraîche

Salz

frisch gemahlener Pfeffer

Zucker

1 TL Butter

2 – 3 EL Zitronensaft

Zubereitungszeit: 35 Minuten

1 Die Kräuter waschen, trocken schütteln und einen kleinen Teil für die Garnitur beiseitelegen. Den Rest fein hacken und mit der Crème fraîche verrühren. Mit Salz und Pfeffer abschmecken.

2 Den Spargel gut schälen und die unteren, etwas holzigen Enden wegschneiden.

3 Wasser mit Salz, einer Prise Zucker, Butter und Zitronensaft in einem Spargeltopf zum Kochen bringen. Den Spargel hineinstellen, die Spargelspitzen sollten nicht mit Wasser bedeckt sein, und köcheln lassen. (Ist kein Spargeltopf zur Hand, kann auch ein anderer großer Topf verwendet werden.) Dicke Stangen benötigen 20 Minuten, die dünneren 14 – 17 Minuten.

4 Für den Gartest eine Spargelstange aus dem Wasser nehmen und auf eine Gabel legen. Hängt der Spargel rechts und links 1 – 2 cm herunter, dann ist er fertig.

5 Den Spargel mit der Soße auf Tellern anrichten, mit den beiseitegelegten Kräutern garnieren und servieren.

Man kann auch gekochte und gehackte Eier über die Soße geben. Das ist dekorativ und verleiht dem Gericht eine weitere leckere Geschmacksnote.

Spinatklößchen
mit Lauchgemüse

Zutaten für 4 Personen

500 g frischer Spinat · 80 g Parmesan

200 g Quark (20 % Fett) · 2 Eier

160 g Kamut (Weizensorte), fein gemahlen, oder Dinkelmehl

Salz · Pfeffer

frisch geriebene Muskatnuss

2–3 Stangen Lauch

1–2 EL Butter · 50 ml Gemüsebrühe

3 EL Crème fraiche

2–3 EL Schnittlauchröllchen

Zubereitungszeit: 45 Minuten

1 Den Spinat verlesen, putzen, waschen, tropfnass in einen Topf geben und bei großer Hitze zusammenfallen lassen. In ein Sieb abgießen, abschrecken und gut abtropfen lassen. Sehr gut ausdrücken und anschließend fein hacken.

2 Den Käse mit Quark, Eiern, Kamutmehl, Spinat, Salz, Pfeffer und Muskatnuss vermischen und kräftig abschmecken.

3 2 Liter Salzwasser aufkochen und mithilfe von 2 Esslöffeln Klößchen von dem Teig abstechen und in das heiße, nicht mehr kochende Wasser geben. Bei milder Hitze 5–10 Minuten garen, bis die Klöße an die Oberfläche steigen.

4 Die Lauchstangen putzen, längs in dünne Streifen schneiden, in Butter anschwitzen, etwas Gemüsebrühe zugeben und 5 Minuten dünsten.

5 Crème fraiche unterrühren, würzen, abschmecken und das Lauchgemüse auf Teller verteilen. Die Klößchen mit einem Schaumlöffel aus dem Sud nehmen und ebenfalls auf die Teller verteilen. Mit Schnittlauchröllchen bestreut servieren.

Rahmspargel mit Kartoffeln und »verlorenen Eiern«

1 Den Spargel gut schälen und die unteren, etwas holzigen Enden wegschneiden.

2 Wasser mit Salz, einer Prise Zucker, Butter und Zitronensaft in einem Spargeltopf zum Kochen bringen. Den Spargel hineinstellen, die Spargelspitzen sollten nicht mit Wasser bedeckt sein, und köcheln lassen. (Ist kein Spargeltopf zur Hand, kann auch ein anderer großer Topf verwendet werden.) Dicke Stangen benötigen 20 Minuten, die dünneren 14–17 Minuten.

3 Für den Gartest eine Spargelstange aus dem Wasser nehmen und auf eine Gabel legen. Hängt der Spargel rechts und links 1–2 cm herunter, dann ist er fertig. Etwas vom Spargelwasser beiseitestellen.

4 Für die Soße die Butter in einem Töpfchen schmelzen, die Sahne dazugeben, kurz aufschäumen lassen, dann die Hitze reduzieren und auf etwa ⅔ einkochen lassen. 5 Esslöffel vom Spargelwasser einrühren und kurz mitkochen. Den Topf von der Herdplatte nehmen und mit Salz, Pfeffer, Muskat und 1 Esslöffel Schnittlauchröllchen würzen.

5 Die Kartoffeln pellen und in Spalten schneiden. Den Spargel halbiert mit den Kartoffeln auf vorgewärmte Teller geben und jweils mit der Soße beträufeln.

6 Für die verlorenen Eier ½ Liter Wasser mit dem Apfelessig aufkochen lassen. Die Eier aufschlagen, in eine kleine Schüssel gleiten lassen und von dort in das köchelnde Wasser. Etwa 4–5 Minuten köcheln, dann mit einer Schaumkelle herausheben, etwas abtropfen lassen und auf den Spargel legen. Mit etwas Salz und den restlichen Schnittlauchröllchen bestreut servieren.

Zutaten für 4 Personen

1 kg weißer Spargel

Salz · Zucker

1 TL Butter · 2–3 EL Zitronensaft

Für die Soße:

1 EL Butter · 250 g Sahne

Salz · frisch gemahlener Pfeffer

frisch geriebene Muskatnuss

3 EL Schnittlauchröllchen

Außerdem:

8 Pellkartoffeln, frisch gekocht

1 EL Apfelessig · 4 Eier

Zubereitungszeit: 40 Minuten

Gebratenes **Sommergemüse** mit Käseklößchen und Honigdressing

Zutaten für 4 Personen

1 kg Sommergemüse, z. B. Auberginen, Zucchini, Paprikaschoten und Karotten

9 EL Olivenöl nativ extra

Salz · frisch gemahlener Pfeffer

3–4 EL in Streifen geschnittene frische Kräuter

Für die Klößchen:

160 g Parmesan, frisch gerieben

250 g Quark (20% Fett) · 3 Eier

180 g Dinkelmehl · Salz

frisch gemahlener Pfeffer

frisch geriebene Muskatnuss

Für das Honigdressing:

4 EL Olivenöl · 1 EL Akazienhonig · 2 EL Apfelessig

½ TL Chilipulver · Salz · frisch gemahlener Pfeffer

Zubereitungszeit: 1 Stunde

1 Für die Klößchen den Käse mit Quark, Eiern, Dinkelmehl, Salz, Pfeffer und Muskatnuss vermischen und kräftig abschmecken. 2 Liter Salzwasser aufkochen und mithilfe von 2 Esslöffeln Klößchen von dem Teig abstechen und in das heiße, nicht mehr kochende Wasser geben. Bei milder Hitze 5–10 Minuten garen, bis die Klöße an die Oberfläche steigen.

2 In der Zwischenzeit das gesamte Gemüse putzen, waschen und nach Bedarf entkernen, schälen, in Streifen und in Scheiben schneiden.

3 Die Auberginenscheiben gut salzen und in einer Schüssel 10 Minuten ziehen lassen.

4 3 Esslöffel Olivenöl in einer Pfanne erhitzen und die Paprikastreifen darin unter mehrmaligem Rühren 6–8 Minuten dünsten. Mit Salz und Pfeffer abschmecken. Warm stellen.

5 Die Karotten in 1 Esslöffel Olivenöl rundum andünsten, dann ebenfalls warm stellen.

6 Die Zucchinischeiben in 2 Esslöffeln Olivenöl von beiden Seiten goldbraun braten und warm stellen.

7 Die Auberginenscheiben unter kaltem Wasser spülen, ausdrücken, dann in 3 Esslöffeln heißem Olivenöl von beiden Seiten goldbraun braten. Auf Küchenkrepp etwas abtropfen lassen.

8 Das gesamte Gemüse auf eine vorgewärmte Platte legen.

9 Für das Dressing Olivenöl, Honig, Essig, Chilipulver, Salz und Pfeffer zu einem kräftigen Dressing verrühren und über das Gemüse träufeln. Die Käseklößchen darüberlegen und mit den Kräuterstreifen bestreut sofort servieren.

Marinierte Karotten mit Orangen, Oliven und Rucola

1 Die Karotten schälen und der Länge nach in feine Stifte schneiden. Für die Marinade 4 Esslöffel Olivenöl, Zitronensaft, Orangensaft, Salz, Pfeffer und Oregano verrühren. Die Karotten in eine Schüssel geben und mit der Marinade beträufeln. 30 Minuten ziehen lassen, immer wieder wenden.

2 Rucola waschen, trocken schütteln und klein schneiden. Die Zwiebel schälen und in feine Ringe schneiden. Die Orange mit einem scharfen Messer gründlich schälen und dabei die weiße Haut mit entfernen. Das Fruchtfleisch filetieren und in kleine Stücke schneiden. Die Oliven halbieren.

3 Nach dem Marinieren die Zwiebel, die Orange und die Oliven mit den Karotten mischen, auf eine Platte geben, mit Rucola bestreuen und sofort servieren.

Dazu passt frisches knuspriges Weißbrot.

Zutaten für 4 Personen

600 g junge Karotten

1 Bund Rucola

1 große weiße Zwiebel · 1 Orange

100 g schwarze Oliven, entsteint

Für die Marinade:

4 EL Olivenöl nativ extra

Saft von 1 Zitrone · Saft von 1 Orange

Salz · frisch gemahlener Pfeffer

1 TL getrockneter Oregano

Zubereitungszeit: 15 Minuten
Marinierzeit: 30 Minuten

Gegrilltes Gemüse
mit Kräuter-Joghurt-Dressing

Zutaten für 3–4 Personen

Für das Gemüse:

1 rote Paprikaschote
1 gelbe Paprikaschote
1 Zucchini
1 Bund Frühlingszwiebeln
1 Fenchel
100 g Austernpilze
Salz
frisch gemahlener Pfeffer
Olivenöl (zum Einpinseln)

Für das Kräuter-Joghurt-Dressing:

300 g Joghurt
½ unbehandelte Zitrone
1–2 Knoblauchzehen, fein gehackt
1 Prise Zucker
½ TL Senf
Salz
frisch gemahlener Pfeffer
1 Handvoll Rucola
4–6 Zweige Basilikum
Schnittlauch (nach Belieben)

Zubereitungszeit: 30 Minuten
Garzeit: 10 Minuten

1 Den Grill anheizen. (Alternativ den Backofen auf die Grillfunktion einstellen und vorheizen und ein Backblech mit Olivenöl bestreichen.)

2 Die Paprikaschoten putzen, waschen und achteln. Die Zucchini putzen, der Länge nach in Scheiben schneiden, dann nach Belieben in etwa 2 cm breite Stifte. Die Frühlingszwiebeln putzen, waschen der Länge nach halbieren und in etwa drei Stücke schneiden. Den Fenchel putzen, waschen Strunk unten abschneiden und die Knolle vierteln oder achteln. Die Pilze putzen, eventuell die Stiele kürzen.

3 Das Gemüse mit Salz und Pfeffer würzen, mit Olivenöl einpinseln und auf dem Grill (oder Blech im Backofen) in 5–10 Minuten goldbraun grillen. Dabei die Gemüsestücke wenden.

4 Für das Dressing den Joghurt mit der abgeriebenen Zitronenschale und etwa 1 Esslöffel ausgepresstem Saft, Knoblauch, Zucker, Senf, Salz und Pfeffer gut verrühren und abschmecken. Die Kräuter putzen, fein schneiden und unter das Dressing rühren.

5 Das Gemüse auf einer Platte anrichten und mit dem Dressing servieren.

Weiß-grünes Spargelgelee
mit Vinaigrette und Schinken

Zutaten für 4 – 6 Personen

Für den Spargel:

500 g weißer Spargel · 500 g grüner Spargel

1 unbehandelte Zitrone

2 TL Salz · 1 TL Zucker

Für das Gelee:

1 – 2 TL Weißweinessig

Salz · frisch gemahlener Pfeffer

2 Bund Schnittlauch · 7 Blatt Gelatine

Schinken (zum Servieren)

Zubereitungszeit: 40 Minuten
Kühlzeit: 3 – 4 Stunden

1 Für den Spargel in einem weiten Topf 3 – 4 Liter Wasser zum Kochen bringen und die ausgepresste Zitrone, Salz und Zucker zugeben. Den weißen Spargel gut schälen und die unteren, etwas holzigen Enden wegschneiden. Vom grünen Spargel den holzigen unteren Rand wegschneiden und etwa das untere Drittel schälen.

2 Den weißen Spargel in den kochenden Sud geben und so lange kochen, bis er gar ist, aber noch etwas Biss hat (ein Stückchen abschneiden und probieren) – das dauert 5 – 10 Minuten. Den Spargel aus dem Sud nehmen und kurz kalt abschrecken. Mit dem grünen Spargel genauso verfahren. Die Kochzeit ist etwas kürzer.

3 Für das Gelee gut einen ½ Liter Spargelsud beiseitestellen und mit dem Weißweinessig, Salz und Pfeffer würzig abschmecken. Vom Schnittlauch einen kleinen Teil in Röllchen schneiden und beiseitelegen.

4 Eine Terrinenform (oder Kastenform, etwa 1 ¼ Liter) kalt ausspülen, danach sofort mit Frischhaltefolie auskleiden und den Rand überstehen lassen. Den Spargel mit den Schnittlauchstangen in die Terrinenform legen.

5 Die Gelatine 10 Minuten in kaltem Wasser einweichen. Dann ausdrücken und in 3 – 4 Esslöffeln Sud bei geringer Hitzezufuhr auflösen. Mit dem beiseitegestellten Spargelsud auffüllen, vermischen und über den Spargel gießen.

6 Das Gelee für 3 – 4 Stunden im Kühlschrank fest werden lassen. Zum Servieren stürzen, in Scheiben schneiden, mit den beiseitegelegten Schnittlauchröllchen bestreuen und den Schinken dazureichen.

Tomatensugo mit Basilikum, Pinienkernen und Ziegenkäse

1 Die Tomaten heiß überbrühen und abschrecken. Auf der Unterseite mit einem scharfen Messer kreuzförmig einschneiden und häuten. Dann entkernen und grob würfeln.

2 Pinienkerne in einer Pfanne ohne Fett anrösten. Schalotten und Knoblauchzehen schälen und fein würfeln.

3 Schalotten- und Knoblauchwürfel im heißen Öl andünsten. Honig untermengen und Tomatenmark kurz mit anschwitzen. Dann mit der Brühe und Rotwein ablöschen. Die gewürfelten Tomaten dazugeben und unter gelegentlichem Rühren bei milder Hitze etwa 15 Minuten sämig einköcheln lassen. Dann zum Auskühlen beiseitestellen.

4 Basilikum waschen und trocken schütteln. Die Blätter von zwei Zweigen abzupfen und in Streifen schneiden. Unter den Tomatensugo mengen und mit Salz und Pfeffer abschmecken. In Schälchen füllen, Pinienkerne darüberstreuen und den Zeigenfrischkäse darüber zerbröckeln. Mit den restlichen Basilikumzweigen garnieren.

Zutaten für 4 Personen

8 Tomaten · 40 g Pinienkerne

2 Schalotten · 2 Knoblauchzehen

2 EL Olivenöl · 1 EL Honig

1 EL Tomatenmark

150 ml Gemüsebrühe

50 ml Rotwein

6 Zweige Thaibasilikum (ersatzweise normales Basilikum)

Salz · frisch gemahlener Pfeffer

100 g Ziegenfrischkäse

Zubereitungszeit: 45 Minuten

Dazu nach Belieben dünne Scheiben geröstetes Baguette reichen.

Gegrillt & gebraten

Rinderlende mit Kräuterkruste und Tomaten

Zutaten für 4 Personen

750 g Rinderlende
Salz
frisch gemahlener Pfeffer
2 EL Olivenöl
1 altbackene Semmel
4 Petersilienstängel
2 Zweige Oregano
1 Zweig Rosmarin
1 unbehandelte Zitrone
2 Knoblauchzehen
1 Eigelb
100 g weiche Butter
100 g Kirschtomaten
Rosmarin (für die Garnitur)

Zubereitungszeit: 25 Minuten
Garzeit: 30–45 Minuten

1 Den Backofen auf 160 °C Ober- und Unterhitze vorheizen.

2 Das Fleisch waschen, trocken tupfen, mit Salz und Pfeffer würzen und im heißen Olivenöl von allen Seiten braun anbraten. Auf einem Gitter (darunter eine Fettpfanne platzieren) im Backofen 30–45 Minuten (je nach Dicke des Fleisches) garen.

3 Die altbackene Semmel in Wasser einweichen. Die Kräuter waschen und trocken schütteln. Die Blättchen bzw. Nadeln von den Stängeln und Zweigen zupfen, dann fein hacken. Die Zitrone heiß abwaschen und die Hälfte der Schale in feinen Streifen abhobeln. Die Knoblauchzehen schälen, durch die Presse drücken und mit den Kräutern vermengen. Die Semmel ausdrücken, mit den Fingern zerpflücken und mit den Kräutern, dem Eigelb und der weichen Butter vermengen. Mit Salz, Pfeffer und einem Spritzer Zitronensaft abschmecken und etwa 5 Minuten vor Ende der Garzeit auf der Rinderlende verteilen.

4 Die Tomaten waschen, halbieren und mit dem Rosmarin auf dem Filet anrichten. Mit Pfeffer übermahlen und sofort servieren.

Lammkarree
mit Schmorgemüse

Zutaten für 4 Personen

Für das Fleisch:

4 Lammkarrees
(je etwa 400 g), küchenfertig

Salz

frisch gemahlener Pfeffer

2 EL Olivenöl

60 g Semmelbrösel

2 EL frisch gehackte Kräuter, z. B.
Petersilie, Thymian und Rosmarin

Für das Gemüse:

400 g Perlzwiebeln

2 Knoblauchzehen

2 Stangen Sellerie

2 Paprikaschoten (rot und grün)

2 EL Olivenöl

Salz

frisch gemahlener Pfeffer

1 Schuss trockener Weißwein

Zubereitungszeit: 30 Minuten
Garzeit: 30 Minuten

1 Den Backofen auf 120 °C Ober- und Unterhitze vorheizen.

2 Das Lammfleisch waschen, trocken tupfen, salzen, pfeffern und im heißen Olivenöl von allen Seiten anbraten. Im vorgeheizten Backofen 20–25 Minuten rosa garen.

3 Inzwischen für das Gemüse die Zwiebeln und die Knoblauchzehen schälen. Die Selleriestangen waschen, putzen und in Stücke schneiden. Die Paprikaschoten waschen, halbieren, putzen und würfeln.

4 Das Gemüse im heißen Olivenöl anschwitzen und mit Salz und Pfeffer würzen. Mit dem Wein ablöschen und zugedeckt etwa 10 Minuten leicht schmoren lassen.

5 Nach den 20–25 Minuten Garzeit die Temperatur des Backofens auf 200 °C erhöhen. Die Semmelbrösel mit den gehackten Kräutern vermengen und über die Lammkarrees streuen. In 2–3 Minuten goldbraun überbacken, dann mit dem Gemüse servieren.

In Rotwein marinierte Hähnchenkeulen

Zutaten für 4 Personen

4 Hähnchenkeulen · 4 Karotten
2 Stangen Sellerie
2 Frühlingszwiebeln
2 Knoblauchzehen
etwa 500 ml Rotwein
2 Zweige Rosmarin
Salz · frisch gemahlener Pfeffer
2 EL Olivenöl
1 TL Tomatenmark · 2 EL Honig
1 TL frisch gehackter Thymian

Zubereitungszeit: 20 Minuten
Marinieren: 12 Stunden
Garzeit: 30–35 Minuten

1 Die Hähnchenkeulen waschen, trocken tupfen und am Gelenk teilen. Die Karotten schälen und schräg in Scheiben schneiden. Den Sellerie und die Frühlingszwiebeln putzen, waschen und ebenfalls schräg in Stücke schneiden. Die Knoblauchzehen schälen, halbieren und zusammen mit den Karotten, dem Sellerie, den Frühlingszwiebeln, dem Rotwein und dem Rosmarin in eine Schüssel geben. Die Hähnchenteile dazugeben, sodass sie gut bedeckt sind. Abgedeckt über Nacht (etwa 12 Stunden) ziehen lassen.

2 Am nächsten Tag den Backofen auf 180 °C Ober- und Unterhitze vorheizen.

3 Die Marinade abgießen und den Wein auffangen. Die Hähnchenteile trocken tupfen, mit Salz und Pfeffer würzen und in einem Bräter im heißen Olivenöl von allen Seiten anbraten.

4 Das abgetropfte Gemüse zugeben, kurz mitbraten und das Tomatenmark unterrühren. Mit ein wenig Rotwein ablöschen und im Backofen etwa 25 Minuten schmoren lassen. Nach Bedarf noch ein wenig Rotwein angießen, sodass der Boden des Bräters immer bedeckt ist.

5 Den Honig mit 2 Esslöffeln Rotwein und dem Thymian verrühren und die Hähnchenteile damit bepinseln. Etwas salzen und pfeffern. Weitere 5–10 Minuten im Backofen goldbraun garen, das Gemüse mit Salz und Pfeffer abschmecken. Hähnchenkeulen mit Gemüse anrichten und servieren.

Entenbrust
mit gegrillten Birnen

1 Die Kartoffeln waschen und in etwa 15 Minuten nicht ganz gar kochen.

2 Den Backofen auf 120 °C Umluft vorheizen.

3 Die Birnen waschen, achteln, entkernen, mit 1 Esslöffel Olivenöl bepinseln, mit zerstoßenem weißem Pfeffer und Salz würzen.

4 Die Entenbrust waschen, trocken tupfen und die Haut rautenförmig einschneiden (nur die Haut, nicht das Fleisch verletzen!). Salzen, pfeffern und auf der Hautseite etwa 2 Minuten goldbraun anbraten. Umdrehen und die Fleischseite nur kurz anbraten, sodass sich die Poren schließen. Herausnehmen, die Hautseite mit Honig bepinseln und im vorgeheizten Backofen 25–30 Minuten rosa durchziehen lassen.

5 Währenddessen den Spinat waschen, putzen, harte Stiele entfernen und gut abtropfen lassen.

6 Die Kartoffeln mit dem restlichen Olivenöl bepinseln, salzen, pfeffern, auf den Grill legen und von allen Seiten insgesamt etwa 10 Minuten gar grillen. Birnen ebenfalls auf den Grill legen und von beiden Seiten etwa 5 Minuten goldbraun grillen. Beides mit etwas Salz würzen.

7 Den Knoblauch schälen, fein hacken, in heißer Butter kurz andünsten, den Spinat zugeben, zusammenfallen lassen und mit Salz und Muskatnuss würzen. Die Flüssigkeit verdampfen lassen. Die Entenbrust, Kartoffeln und Birnenspalten auf dem Spinat servieren.

Zutaten für 2 Personen

1 große Entenbrust (etwa 400 g)

4 kleine festkochende Kartoffeln

2 Birnen

2 EL Olivenöl

1 EL zerstoßene weiße Pfefferkörner

Meersalz

frisch gemahlener Pfeffer

1 EL Honig

2 Handvoll Blattspinat

1 Knoblauchzehe

1 EL Butter

frisch geriebene Muskatnuss

Zubereitungszeit: 30 Minuten
Garzeit: 25–30 Minuten

Gekräuterter Kalbsrücken
mit Oliven-Tomaten-Soße

Zutaten für 4 Personen

800 g Kalbsrücken (mit Schwarte)

Meersalz

frisch gemahlener Pfeffer

2 EL Olivenöl

1 Bund gemischte Kräuter, z. B. Salbei, Petersilie, Kerbel und Oregano

250 g reife, fleischige Tomaten

2 Schalotten

2 Knoblauchzehen

125 ml Gemüsebrühe

50 g grüne Oliven (mit Paprikafüllung)

Zubereitungszeit: 40 Minuten
Garzeit: 4 Stunden

1 Den Backofen auf 80 °C vorheizen.

2 Den Kalbsrücken waschen und mit Küchenkrepp trocken tupfen. Mit Salz und Pfeffer würzen. 1 Esslöffel Olivenöl in einem Bräter erhitzen. Den Kalbsrücken darin in etwa 10 Minuten rundherum anbraten. Den Bräter in den Backofen schieben und auf der untersten Schiene etwa 4 Stunden garen.

3 Die Kräuter waschen, trocken schütteln und die Hälfte auf dem Fleisch im Backofen verteilen. Die restlichen Kräuter von den Stielen zupfen und fein hacken. Die Tomaten heiß überbrühen und abschrecken. Auf der Unterseite mit einem scharfen Messer kreuzförmig einschneiden und häuten. Dann entkernen und in kleine Würfel schneiden. Die Schalotten und den Knoblauch schälen und beides fein würfeln.

4 Das restliche Olivenöl in einer Pfanne erhitzen und die Zwiebeln mit dem Knoblauch darin andünsten. Die Tomatenwürfel unterrühren, mit Salz und Pfeffer würzen. Die Gemüsebrühe zugießen, aufkochen und 10 Minuten köcheln lassen. Die Oliven grob hacken und mit den Kräutern untermengen.

5 Den Braten aus dem Backofen nehmen, in Scheiben schneiden und mit der Tomatensoße servieren.

Schweinebraten
auf Kräutern

Zutaten für 4 Personen

1 kg Schweinebraten, z. B. Nacken oder Schulter ohne Schwarte

2 Knoblauchzehen

3 EL Olivenöl

Salz

frisch gemahlener Pfeffer

1 Handvoll frische Kräuter, z. B. Salbei, Thymian, Rosmarin und Petersilie

Zubereitungszeit: 15 Minuten
Garzeit: 2 Stunden

1 Den Backofen auf 160 °C Ober- und Unterhitze vorheizen.

2 Das Fleisch waschen und trocken tupfen. Den Knoblauch schälen, fein hacken und mit dem Öl verrühren. Das Fleisch damit einpinseln und mit Salz und Pfeffer würzen. In einer Bratreine im Backofen etwa 2 Stunden braten.

3 Die Kräuter waschen, trocken schütteln und während der letzten ½ Stunde als Kräuterbett unter das Fleisch legen. Falls nötig, ein wenig Wasser angießen und das Fleisch gelegentlich drehen.

Hahn in Riesling
mit Frühlingsgemüse

Zutaten für 4 Personen

Für den Hahn:

1 Hähnchen (etwa 1,2 kg)
2 Zwiebeln
2 Karotten
200 g Sellerie
2 Knoblauchzehen
Salz
frisch gemahlener Pfeffer
2 EL Pflanzenöl
200 ml Riesling
etwa 200 ml Geflügelfond
2 Scheiben Ingwer
1 Chilischote
etwas Zitronenschale
½ Vanilleschote
100 g Sahne
Chiliflocken

Für das Gemüse:

600 g grüner Spargel
Salz
800 g Frühlingszwiebeln
200 g Champignons
2 EL Butter
frisch gemahlener Pfeffer

Zubereitungszeit: 40 Minuten
Garzeit: 30 – 35 Minuten

1 Den Backofen auf 180 °C Umluft vorheizen.

2 Das Hähnchen waschen, trocken tupfen und die Keulen sowie die Hähnchenbrüste auslösen. Die Haut der Keulen ablösen. Die Zwiebeln, Karotten, Sellerie und Knoblauch schälen und grob würfeln. Das ausgelöste Fleisch salzen, pfeffern und im heißen Pflanzenöl von allen Seiten anbraten. Aus der Reine nehmen und das Gemüse darin farblos andünsten. Mit dem Weißwein und etwas Fond ablöschen und die Keulen darauflegen. Im Backofen etwa 15 Minuten garen. Dann den Ingwer, die Chilischote, Zitronenschale und die halbe Vanilleschote mit in den Fond geben und auch das Brustfleisch auf das Gemüse legen. Weitere 15 – 20 Minuten fertig garen. Nach Bedarf Fond angießen.

3 Für das Frühlingsgemüse das untere Drittel vom Spargel schälen und in Salzwasser etwa 6 Minuten blanchieren. Abschrecken und abtropfen lassen. Die Frühlingszwiebeln waschen, putzen und in 6 – 8 cm lange Stücke schneiden, nach Belieben längs halbieren. Die Champignons putzen und in heißer Butter anbraten. Die Frühlingszwiebeln und den Spargel unterschwenken, salzen, pfeffern und in 2 – 3 Minuten fertig garen.

4 Die Hähnchenteile aus dem Fond nehmen und diesen passieren. Nach Bedarf noch etwas einkochen lassen. Dann die Sahne untermixen und mit Salz und Pfeffer abschmecken. Die Hähnchenbrüste in Scheiben schneiden und mit den Keulen noch einmal kurz in der Soße heiß werden lassen.

5 Das Gemüse auf einer Platte oder Tellern anrichten und das Fleisch mit der Soße darauf anrichten. Mit Chiliflocken bestreuen und servieren.

Frikadellen
auf Kartoffel-Gurken-Salat

Zutaten für 4 Personen

Für den Salat:

800 g Salatkartoffeln · Salz · 1 Salatgurke
1 Zwiebel · 1 EL Butter
150 ml heiße Rinderbrühe · 4 EL Branntweinessig
Salz · 1 Prise Zucker · 4 EL Sonnenblumenöl

Für die Frikadellen:

1 altbackenes Brötchen · 80 ml Milch · 1 Zwiebel
1 EL Butter · 500 g gemischtes Hackfleisch
2 Eier · 1 EL scharfer Senf
Salz · frisch gemahlener Pfeffer
1 TL getrockneter Majoran
2 EL frisch gehackte Petersilie
Semmelbrösel (nach Bedarf) · Öl (zum Braten)

Zubereitungszeit: 30 Minuten

1 Für den Salat die Kartoffeln waschen und in Salzwasser in etwa 30 Minuten gar kochen. Die Gurke schälen und in Scheiben schneiden oder hobeln. Die Kartoffeln abgießen, etwas auskühlen lassen, schälen, in Scheiben schneiden und in eine Schüssel geben. Die Zwiebel schälen und fein würfeln. Die Butter erhitzen, Zwiebelwürfel darin glasig andünsten und zu den Kartoffeln geben. Diese dann mit der Brühe übergießen, den Essig dazugeben, mit Salz und Zucker würzen. Die Gurke unter den Kartoffelsalat heben und etwa 15 Minuten ziehen lassen.

2 Für die Frikadellen das Brötchen in der Milch einweichen. Die Zwiebel schälen, in Würfel schneiden und in einer Pfanne bei milder Hitze in der Butter glasig andünsten. Das Hackfleisch mit dem eingeweichten Brot, Eiern, Senf und den Zwiebelwürfeln gut vermengen, mit Salz, Pfeffer, Majoran und Petersilie würzen. Ist der Teig zu weich, nach Bedarf 2–3 Esslöffel Semmelbrösel untermengen.

3 Frikadellen formen und in einer Pfanne bei mittlerer Hitze in Öl von beiden Seiten je 3–4 Minuten goldbraun braten. Auf Küchenkrepp abtropfen lassen.

4 4 Esslöffel Sonnenblumenöl unter den Salat mengen und abschmecken. Auf Teller verteilen, darauf die Frikadellen legen und servieren.

Rinderfiletbraten
mit Kräuterhollandaise

1 Den Backofen auf 160 °C Umluft vorheizen.

2 Das Fleisch waschen, trocken tupfen und mit Salz und Pfeffer würzen. Im heißen Pflanzenöl rundherum anbraten.

3 Für die Kruste die Toastbrotscheiben entrinden und in sehr feine Würfel schneiden. Mit den Kräutern, dem Eigelb und dem Öl vermengen. Auf dem Filet verteilen und das Fleisch auf ein mit Backpapier belegtes Blech legen. Im Backofen etwa 35 – 50 Minuten garen.

4 Für das Gemüse den Brokkoli waschen und in Salzwasser in etwa 4 Minuten bissfest blanchieren. Abschrecken und abtropfen lassen. Die Tomaten waschen und halbieren. Beides in heißer Butter schwenken und mit Salz und Pfeffer würzen.

5 Für die Hollandaise die Butter in einem Topf zerlassen. Die Eigelbe und Weißwein über einem heißen Wasserbad cremig schlagen, dann vom Herd nehmen und die flüssige Butter erst tropfenweise, dann im dünnen Strahl unterrühren bis eine glänzende, sämige Soße entstanden ist. Mit Zitronensaft, Salz und Cayennepfeffer abschmecken. Zum Schluss die Kräuter untermengen.

6 Das Fleisch aus dem Backofen nehmen, kurz ruhen lassen, dann in Scheiben geschnitten mit dem Gemüse und der Soße angerichtet servieren.

Zutaten für 4 – 6 Personen

1 kg Rinderfilet (Mittelstück) · Salz

frisch gemahlener Pfeffer · 2 EL Pflanzenöl

Für die Kruste:

4 Scheiben altbackenes Toastbrot · 2 EL frisch gehackte Kräuter, z. B. Thymian und Petersilie

1 Eigelb · 2 EL Olivenöl

Für das Gemüse:

600 g Brokkoli · Salz · 250 g Kirschtomaten

3 EL Butter · frisch gemahlener Pfeffer

Für die Kräuterhollandaise:

200 g Butter · 3 Eigelbe · 2 EL trockener Weißwein

1 EL Zitronensaft · Salz · Cayennepfeffer

2 EL frisch gehackte Kräuter,
z. B. Estragon und Kerbel

Zubereitungszeit: 1 Stunde
Garzeit: 35 – 50 Minuten

Unter der Haut gefülltes **Kräuterhähnchen** mit Gemüse

Zutaten für 4 Personen

1 Hähnchen (etwa 1,2 kg)
6 Zweige Thymian
4 Zweige Rosmarin
4 Karotten
4 Petersilienwurzeln
4 Schalotten
2 Knoblauchzehen
1 TL Pfefferkörner
1 TL Wacholderbeeren
Salz
frisch gemahlener Pfeffer
4 – 5 EL Olivenöl
etwa 400 ml Geflügelfond
4 Salbeiblätter

Zubereitungszeit: 30 Minuten
Garzeit: 1 Stunde

1 Den Backofen auf 180 °C Umluft vorheizen.

2 Das Hähnchen waschen und trocken tupfen. Die Thymianblättchen und die Hälfte der Rosmarinnadeln abzupfen und unter die Hähnchenhaut schieben. Die Karotten, Petersilienwurzeln, Schalotten und die Knoblauchzehen schälen und in grobe Stücke schneiden.

3 Das Gemüse in eine geölte Bratreine geben. Die Pfefferkörner und Wacholderbeeren in einem Mörser grob zermahlen und das Gemüse damit bestreuen. Darauf das Hähnchen legen. Alles salzen, pfeffern und mit Olivenöl beträufeln. Im Backofen etwa 1 Stunde braten. Zwischendurch Fond angießen. Während den letzten 10 Minuten die restlichen Rosmarinzweige und die Salbeiblätter dazugeben.

4 Das Hähnchen auslösen und mit dem Gemüse und dem abgeschmeckten Bratenfond servieren.

Zander auf Fenchel-Karotten-Gemüse mit Orangenfilets

Zutaten für 4 Personen

4 Zanderfiletstücke (je etwa 140 g)
600 g Fenchel
4 Karotten
8 EL Sonnenblumenöl
3–4 EL helle Sojasoße
1 TL Zucker
etwa 150 ml trockener Weißwein
3–4 Orangen
Salz
weißer Pfeffer
2 EL Mehl

Zubereitungszeit: 20 Minuten

1 Den Fenchel putzen, waschen, das Grün beiseitelegen und den Fenchel halbieren, den Strunk herausschneiden und den Rest in feine Streifen schneiden. Die Karotten schälen und in Stifte schneiden. Beides in 2 Esslöffeln Sonnenblumenöl anbraten, Sojasoße und Zucker dazugeben, dann mit Weißwein ablöschen. In 5–6 Minuten sanft gar köcheln lassen.

2 Von den Orangen die Schale mithilfe eines scharfen Messers entfernen, anschließend die Filets an den Trennhäuten herauslösen. Die Filets zum Gemüse geben.

3 Die Hälfte vom Fenchelkraut fein hacken und zugeben. Alles mit Salz und Pfeffer abschmecken.

4 Die Zanderfilets kurz abwaschen und trocken tupfen. Salzen, pfeffern und in Mehl wenden. Den Zander mit der Hautseite nach unten 4–5 Minuten im restlichen Sonnenblumenöl langsam anbraten, anschließend kurz wenden, vom Herd nehmen und gar ziehen lassen. Auf dem Gemüse anrichten und mit dem restlichen Fenchelkraut garniert servieren.

Gegrillte Forelle
mit Gemüse in Alufolie

Zutaten für 4 Personen

4 Forellen (je etwa 400 g)
600 g kleine neue Kartoffeln
Salz
frisch gemahlener Pfeffer
4 Stängel Petersilie
500 g Babykarotten
100 g Radieschen
2 EL Butter
4 EL Kräuterbutter

Zubereitungszeit: 30 Minuten
Garzeit: 35 Minuten

1 Die Kartoffeln waschen und in Salzwasser in etwa 15 Minuten annähernd gar kochen. Abgießen und halbieren.

2 Den Backofen auf 200 °C Umluft vorheizen.

3 Die Forellen waschen und trocken tupfen. Innen salzen und pfeffern und jeweils einen Stängel Petersilie hineinlegen. Die Karotten schälen und längs halbieren. Die Radieschen waschen, putzen und in Scheiben schneiden. Das gesamte Gemüse jeweils auf die Mitte von 4 Stücken Alufolie verteilen und mit Salz und Pfeffer würzen. Die Forellen außen ebenfalls salzen und pfeffern und auf das Gemüsebett legen. Die Butter in Flöckchen darauf verteilen, die Alufolie darüber zusammenschlagen und gut verschließen. Im Backofen etwa 35 Minuten backen.

4 Vor dem Servieren die Folie öffnen und je 1 Esslöffel Kräuterbutter auf die Forellen geben.

Fischfrikadellen
vom Grill

Zutaten für 4 Personen

2 Tomaten
4 Scheiben Toastbrot
150 ml Milch, heiß
1 Chilischote
500 g Kabeljaufilet
100 g Riesengarnelen, küchenfertig geschält, ohne Darm
2 Schalotten
2 EL Olivenöl
2 Eier
1 EL frisch gehacktes Koriandergrün
Semmelbrösel (nach Bedarf)
Salz
frisch gemahlener Pfeffer
Öl (zum Braten)

Zubereitungszeit: 30 Minuten
Grillen: etwa 6 Minuten

1 Die Tomaten heiß überbrühen und abschrecken. Auf der Unterseite mit einem scharfen Messer kreuzförmig einschneiden und häuten. Dann entkernen und in kleine Würfel schneiden.

2 Das Toastbrot in der Milch einweichen. Die Chilischote waschen, putzen und fein hacken. Das Fischfilet und die Garnelen fein hacken. Die Schalotten schälen, fein hacken und in 2 Esslöffeln heißem Olivenöl glasig anschwitzen.

3 Die angeschwitzten Schalotten zusammen mit den Eiern, dem Koriander, dem ausgedrückten Brot, Tomaten und Chili unter den Fisch mengen. Ist der Teig zu weich, nach Bedarf Semmelbrösel untermengen. Mit Salz und Pfeffer würzen.

4 Kleine Frikadellen aus der Masse formen, mit Öl bepinseln und pro Seite 2–3 Minuten auf dem Grill goldbraun grillen.

Gegrillter Steckerlfisch
süddeutsche Spezialität

Zutaten für 4 Personen

4 ganze, küchenfertige Forellen (je etwa 350 g)

1 Bund Petersilie

2 unbehandelte Zitronen

Salz · frisch gemahlener Pfeffer

Olivenöl

Zubereitungszeit: 20 Minuten
Grillen: 25 Minuten

1 Die Forellen vorsichtig innen und außen waschen und mit Küchenkrepp abtupfen.

2 Die Petersilie waschen, trocken schütteln und grob hacken. Die Zitronen heiß waschen, eine davon auspressen und die andere in feine Scheiben schneiden.

3 Die Forellen innen mit dem Zitronensaft leicht beträufeln, mit Salz und Pfeffer würzen, die Petersilie in die Bauchhöhle füllen und die Zitronenscheiben hineinlegen. Die Fische auch außen salzen und pfeffern, dann mit Olivenöl beträufeln. Auf einem geölten Alu-Grillblech auf dem Grill von beiden Seiten etwa 25 Minuten grillen.

4 Nach Belieben Knoblauch und Zitrone dazulegen und mit gedünstetem Gemüse servieren.

Kabeljau mit Kräuterkruste auf Tomatengemüse

1 Die Fischfilets waschen und trocken tupfen. Die Semmelbrösel mit den gehackten Kräutern vermengen und auf einen flachen Teller geben. Die Eier verquirlen und ebenfalls in einen Teller gießen.

2 Den Kabeljau mit Salz und Pfeffer würzen und in Mehl wenden. Durch die verquirlten Eier ziehen und in den Kräuterbröseln panieren. Im heißen Olivenöl auf jeder Seite 2–3 Minuten goldbraun braten.

3 Für das Gemüse die Paprikaschoten waschen, halbieren, putzen und grob würfeln. Die Zwiebeln schälen und in Spalten schneiden. Die Tomaten waschen und halbieren. Den Knoblauch schälen und fein hacken.

4 Paprika, Zwiebeln und Knoblauch im heißen Olivenöl 3–4 Minuten anschwitzen. Die Tomaten zugeben und alles schwenken, dann salzen, pfeffern und 2–3 Minuten gar ziehen lassen.

5 Das Gemüse mit den Kabeljaufilets auf Tellern anrichten und mit Basilikumblättern garniert servieren.

Zutaten für 4 Personen

4 Kabeljaufilets (je etwa 160 g)

etwa 80 g Semmelbrösel

2 EL frisch gehackte Kräuter, z. B. Basilikum und Thymian

2 Eier · Salz · frisch gemahlener Pfeffer

2–3 EL Mehl · Olivenöl (zum Braten)

Für das Gemüse:

2 Paprikaschoten (rot und gelb)

2 rote Zwiebeln · 400 g Kirschtomaten

2 Knoblauchzehen · 3 EL Olivenöl

Basilikumblätter (für die Garnitur)

Zubereitungszeit: 30 Minuten

Gebackenes

Gemüsetarte
französisch inspiriert

Zutaten für 1 große Kasten- (35 cm Durchmesser) oder Quicheform (28 cm Durchmesser)

Für den Teig:

200 g Mehl

½ TL Salz

200 g Butter

200 g Magerquark

Für den Belag:

1–2 rote Zwiebeln

1 Knoblauchzehe

2 rote Paprikaschoten

½ Zucchini

Olivenöl (nach Bedarf)

100 g Kirschtomaten

100 g kleine Champignons

1–2 EL italienische Kräuter, z. B. Oregano, Basilikum und Thymian

Salz

frisch gemahlener Pfeffer

Semmelbrösel (nach Belieben)

Zubereitungszeit: 25 Minuten
Backzeit: 30 Minuten
Ruhezeit: 30 Minuten

1 Für den Teig das Mehl mit dem Salz in eine Schüssel geben, die Butter in Stücken zugeben und durchhacken, sodass Teigkrümel entstehen. Den Quark einarbeiten und alles rasch zu einem glatten Teig verkneten, zu einer Kugel formen und 30 Minuten kühl stellen.

2 Inzwischen für den Belag die Zwiebel(n) schälen und längs in dünne Streifen schneiden. Die Knoblauchzehe schälen und fein hacken. Die Paprikaschoten putzen, waschen und in etwa 1 cm große Würfel schneiden. Die halbe Zucchini putzen, waschen und in Scheiben schneiden.

3 Etwas Öl erhitzen, Zwiebelstreifen, Knoblauch, Zucchini und Paprikawürfel darin etwa 3 Minuten andünsten.

4 Die Tomaten waschen, die Pilze putzen und beides halbieren.

5 Das ganze Gemüse vermengen und mit den Kräutern, Salz und Pfeffer kräftig würzen.

6 Den Backofen auf 200 °C Ober- und Unterhitze vorheizen. Eine Kasten- oder Quicheform mit Backpapier auslegen. Den Teig etwas größer als die Form ausrollen, hineinlegen und einen 2 cm hohen Rand hochziehen.

7 Nach Belieben den Boden mit Semmelbröseln bestreuen, dann mit dem vorbereiteten, vermischten Gemüse belegen. Mit etwas Olivenöl beträufeln und die Tarte in etwa 30 Minuten goldbraun backen.

Kräuter-Käse-Quiche
mit Lauch

Zutaten für 4–6 Personen bzw.
1 Tarte (30 cm Durchmesser)

½ Würfel Hefe (21 g)
1 Prise Zucker
125 ml Milch
250 g Mehl
2 EL Olivenöl
Salz

Für den Belag:

2–3 Zwiebeln (etwa 400 g)
2 Stangen Lauch
2 EL Butter
80 ml trockener Weißwein
Salz
frisch gemahlener Pfeffer
200 g Frischkäse
50 ml Milch
3 Eier
3 EL gehackte Petersilie
1 EL gehackte Thymianblättchen
Saft von ½ Zitrone
Petersilie (für die Garnitur)

Zubereitungszeit: 30 Minuten
Backzeit: 35–40 Minuten
Ruhezeit: 45 Minuten

1 Hefe und Zucker in 125 ml Milch geben und glatt rühren. Mehl mit Öl und Salz in eine Schüssel geben, die Hefemilch zugeben und alles mit dem Knethaken eines elektrischen Handrührgeräts zu einem Teig verarbeiten. Zugedeckt an einem warmen Ort etwa 45 Minuten gehen lassen.

2 Inzwischen für den Belag die Zwiebeln schälen und in Ringe schneiden. Den Lauch putzen, waschen und ebenfalls in Ringe schneiden.

3 Die Butter erhitzen, Zwiebeln und Lauch darin andünsten, Wein angießen und etwa 15 Minuten dünsten, bis die Flüssigkeit verkocht ist. Salzen und pfeffern. Frischkäse, 50 ml Milch, Eier, Kräuter und Zitronensaft in einer Schüssel verrühren und mit Salz und Pfeffer abschmecken.

4 Den Backofen auf 200 °C Ober- und Unterhitze vorheizen. Den Teig auf einer bemehlten Fläche ausrollen, die Tarteform einfetten und mit dem Teig auskleiden. Die Lauchmischung darauf verteilen und die Käsecreme aufgießen. Im Ofen 35–40 Minuten backen.

5 Mit Petersilie garniert servieren.

Barbecue-Flammkuchen
mit Steak und Kirschtomaten

Zutaten für 4 Personen

Für den Boden:

200 g Mehl · 20 g frische Hefe · 1 TL Zucker
100–125 ml lauwarmes Wasser
50 ml Olivenöl · 1 TL Salz

Für den Belag:

250 g Rinderlende
Salz · frisch gemahlener Pfeffer
Olivenöl oder Butterschmalz (zum Braten)
1–2 Knoblauchzehen · 200 g Kräuterfrischkäse
100 g Quark (20 % Fett) · Milch (nach Bedarf)
3–4 EL gehackte Kräuter · 1 Romana-Salatherz
1 Handvoll Rucola · 100–150 g Kirschtomaten

Zubereitungszeit: 40 Minuten
Backzeit: 10–15 Minuten
Ruhezeit: 50 Minuten

1 Für den Teig das Mehl in eine Schüssel sieben, mittig eine Mulde formen. In die Mulde die Hefe bröseln, Zucker dazugeben und mit etwas lauwarmem Wasser und ein wenig Mehl in der Mulde leicht verrühren. Mit Mehl bestäuben und zugedeckt an einem warmen Ort 15 Minuten gehen lassen.

2 Das Olivenöl und Salz an den Rand der Teigschüssel geben und alles mit dem Knethaken eines elektrischen Handrührgeräts zu einem Teig verarbeiten. Dabei so viel Wasser zugeben, dass der Teig weich, aber nicht klebrig wird.

3 Den Teig zugedeckt in 30–40 Minuten aufgehen lassen, bis er das doppelte Volumen erreicht hat.

4 Für den Belag die Rinderlende mit Salz und Pfeffer würzen, mit etwas Olivenöl bestreichen und auf den Grill legen. Alternativ in einer (Grill-)Pfanne etwas Butterschmalz erhitzen und die Lende zartrosa braten. Zugedeckt etwas ruhen lassen, dann in dünne Scheiben schneiden.

5 Den Knoblauch schälen und fein hacken. Den Frischkäse mit Quark mischen und mit so viel Milch glatt rühren, dass eine cremige, streichfähige Masse entsteht. Mit Salz und Pfeffer würzen, dann Kräuter und Knoblauch unterrühren.

6 Die Salate waschen, abtropfen lassen und in mundgerechte Stücke teilen. Die Tomaten waschen und halbieren.

7 Den Backofen auf 210 °C Ober- und Unterhitze vorheizen. Ein Blech mit Backpapier auslegen. Den aufgegangenen Teig zu einem dünnen großen oder vier kleineren Fladen ausrollen. Den Teig auf das Blech legen und in 10–15 Minuten goldbraun backen.

8 Den Fladen sofort üppig mit der Käsecreme bestreichen, Salatblätter, Tomaten und Fleischscheiben darauf anrichten, mit etwas Pfeffer bestreuen und servieren.

Spargelpizza mit Bärlauch, Spinat und Frischkäse

1 Den Teig ebenso zubereiten wie für die Barbecue-Flammkuchen (siehe Seite 122, Punkt 1–3).

2 Für den Belag den Spinat waschen und abtropfen lassen. Den Spargel gut schälen und die unteren, etwas holzigen Enden wegschneiden.

3 Wasser mit 1 Teelöffel Salz, 1 Prise Zucker und Zitronensaft in einem Spargeltopf zum Kochen bringen. Den Spargel hineinstellen, die Spargelspitzen sollten nicht mit Wasser bedeckt sein, und köcheln lassen. (Ist kein Spargeltopf zur Hand, kann auch ein anderer großer Topf verwendet werden.) Dicke Stangen benötigen 20 Minuten, die dünneren 14–17 Minuten. Dann den Spargel abseihen und in etwa 3 cm lange Stücke schneiden.

4 Zwiebel und Knoblauch schälen, fein würfeln, mit Spinat mischen und mit Salz, Pfeffer und Muskat kräftig würzen.

5 Paprika putzen, halbieren und in feine Streifen schneiden.

6 Den Backofen auf 210 °C Ober- und Unterhitze vorheizen. Ein Blech mit Backpapier auslegen.

7 Den aufgegangenen Teig dünn ausrollen, auf das Blech legen und leicht mit Olivenöl bestreichen, mit Salz und Pfeffer würzen.

8 Das Gemüse auf dem Teig verteilen und nochmals etwas würzen. Den Kräuterfrischkäse in Klecksen gleichmäßig möglichst überall verteilen. Zum Schluss den Parmesan darüber reiben und in 10–15 Minuten knusprig braun backen.

9 Den Bärlauch waschen, trocken schütteln, in feine Streifen schneiden und erst vor dem Servieren über die Pizza streuen.

Zutaten für 4 Personen

Für den Teig:

375 g Mehl · 20 g frische Hefe · 1 TL Zucker

100–125 ml lauwarmes Wasser

50 ml Olivenöl · 1 TL Salz

Für den Belag:

250 g Blattspinat · 250 g weißer Spargel

Salz · Zucker · Saft von ½ Zitrone · 1 Zwiebel

1 Knoblauchzehe · frisch gemahlener Pfeffer

frisch geriebene Muskatnuss

1 rote Paprikaschote · Olivenöl (zum Bestreichen)

150 g Kräuterfrischkäse · etwa 40 g Parmesan

1 Handvoll Bärlauch

Zubereitungszeit: 30 Minuten
Backzeit: 15 Minuten
Ruhezeit: 1 Stunde

Lauch-Lachs-Kuchen
mit herzhaftem Gruyère-Käse

Zutaten für 6–8 Stücke
bzw. 1 Quicheform
(26–28 cm Durchmesser)

Für den Teig:

275 g Mehl

1 Prise Salz

150 g kalte Butter

1 Ei

Für den Belag:

250 g frischer oder geräucherter Lachs

1 ½ Stangen Lauch

3 Knoblauchzehen

2 EL Butter

4 Eier

100 g Gruyère, frisch gerieben

250 g Sahne

1 EL Stärke

Salz

frisch gemahlener Pfeffer

2 EL Schnittlauchröllchen

Zubereitungszeit: 35 Minuten
Backzeit: 45 Minuten
Ruhezeit: 30 Minuten

1 Den Backofen auf 180 °C Ober- und Unterhitze vorheizen.

2 Das Mehl auf die Arbeitsfläche häufen, mit Salz mischen und in die Mitte des Mehls eine Mulde drücken. Die kalte Butter in kleine Stücke schneiden und um die Mulde herum verteilen. Das Ei in die Mitte geben. Sämtliche Zutaten mit dem Messer gut durchhacken, sodass kleine Teigkrümel entstehen. Mit den Händen rasch zu einem glatten Teig verkneten. Zu einer Kugel formen, in Frischhaltefolie wickeln und etwa 30 Minuten kühl stellen.

3 Inzwischen für den Belag den Lachs grob würfeln. Den Lauch putzen, waschen und in Ringe schneiden. Den Knoblauch schälen und fein hacken.

4 Den Lauch in heißer Butter etwa 5 Minuten andünsten. Etwas abkühlen lassen, dann mit Lachs und Knoblauch in einer Schüssel vermengen. In einer anderen Schüssel die Eier verquirlen. Mit Käse, Sahne und Stärke verrühren, mit Salz und Pfeffer würzen.

5 Den Teig auf der bemehlten Arbeitsfläche ausrollen und eine Quicheform damit auskleiden. Anschließend die Lachsmischung auf dem Teig verteilen und die Käse-Eier-Sahne darübergießen. Mit Schnittlauch bestreuen und etwa 45 Minuten backen. Gegebenenfalls mit Alufolie abdecken, damit die Oberfläche nicht zu dunkel wird. Aus dem Backofen nehmen, etwas abkühlen lassen und in Stücke geschnitten lauwarm servieren.

Ricotta-Spinat-Torte
aus Hefeblätterteig

Zutaten für 4–6 Personen bzw.
1 Tarte (32 cm Durchmesser)

Für den Hefeblätterteig:

125 ml kaltes Wasser
125 ml kalte Milch
30 g frische Hefe
1 gestrichener TL Salz
1 TL Zucker
2 Eier
500 g Mehl
250 g Butter, gut gekühlt und in Scheiben geschnitten

Für die Füllung:

600 g frischen Spinat
1 Zwiebel
3 EL Olivenöl
50 g Pinienkerne, gehackt
50–70 g Parmesan, frisch gerieben
500 g Ricotta
2 EL Mehl
3 Eier
Salz
frisch gemahlener Pfeffer
frisch geriebene Muskatnuss

Zubereitungszeit: 1 Stunde 15 Minuten
Backzeit: 40 Minuten
Ruhezeit: 12 Stunden
Kühlzeit: 1 Stunde

1 Für den Teig das Wasser mit der Milch vermischen. Die Hefe hineinbröckeln und zusammen mit Salz und Zucker auflösen. Die Eier zugeben und verquirlen.

2 Das Mehl in eine Rührschüssel sieben, eine große Mulde in die Mitte drücken und die Hefemischung hineingießen. Mit dem Handrührgerät zu einem glatten, elastischen Teig verarbeiten, der sich von der Schüssel löst. Mit Mehl bestäuben, abdecken und über Nacht in den Kühlschrank stellen.

3 Den Teig auf einer bemehlten Fläche zu einem Rechteck ausrollen. Die Hälfte mit Butterscheiben belegen und zweimal den Teig quer so einschlagen, dass drei Schichten entstehen. Nach jedem Umschlagen 30 Minuten kühl stellen.

4 Den Teig dünn ausrollen und mit der Hälfte eine gefettete Tarteform auskleiden. Die andere Hälfte beiseitelegen.

5 Den Spinat putzen und hacken. Die Zwiebel schälen und fein würfeln. Das Olivenöl in einem Topf erhitzen, die Zwiebeln dazugeben, andünsten, den Spinat sowie die Pinienkerne zugeben und den Spinat zusammenfallen lassen. Abtropfen und etwas auskühlen lassen. Mit Parmesan, Ricotta, Mehl und den Eiern mischen, mit Salz, Pfeffer und Muskatnuss würzen.

6 Den Backofen auf 180 °C Ober- und Unterhitze vorheizen.

7 Die Spinatmischung auf den Teig verteilen und mit der zweiten Teigplatte abdecken. die Ränder gut einschlagen und die Oberfläche mit einer Gabel mehrmals einstechen.

8 Im Ofen etwa 40 Minuten backen, nach Bedarf mit Alufolie abdecken, damit die Oberfläche nicht zu dunkel wird. Heiß oder kalt in Stücke geschnitten servieren.

Gedeckte Schafskäse-Kräuter-Tarte

Zutaten für 8–10 Personen bzw. 1 Tarte (26 cm Durchmesser)

Für den Hefeteig:

½ Würfel Hefe (21 g)
400 g Mehl
½ TL Salz
50 g Walnusskerne, zermahlen
3 EL Olivenöl
1 Ei

Für die Füllung:

200 g Fetakäse
50 g Bergkäse, gerieben
100 g Quark
200 g Sahne
2 Eier
1 TL Kräuter der Provence
Salz
frisch gemahlener Pfeffer

Außerdem:

Olivenöl (für die Form)
Mehl (zum Arbeiten)
1 Eigelb

Zubereitungszeit: 2 Stunden 15 Minuten
Backzeit: 50–60 Minuten
Ruhezeit: 45 Minuten

1 Für den Teig Hefe mit etwa 200 ml lauwarmem Wasser verrühren. Das Mehl mit dem Salz und Nüssen in einer Schüssel mischen. Die aufgelöste Hefe mit dem Olivenöl und Ei zum Mehl geben und alles mit den Knethaken des elektrischen Handrührgeräts zu einem geschmeidigen Teig verarbeiten. Zugedeckt an einem warmen Ort etwa 45 Minuten gehen lassen.

2 Inzwischen für die Füllung Feta mit Bergkäse, Quark, Sahne, Eiern und Kräutern der Provence glatt rühren. Mit Salz und Pfeffer würzen.

3 Den Backofen auf 200 °C Umluft vorheizen.

4 Den Hefeteig halbieren. Eine Hälfte auf der bemehlten Arbeitsfläche ausrollen und eine geölte Tarteform damit auskleiden, dabei einen Rand formen. Die Füllung daraufgeben und glatt streichen. Die zweite Teighälfte erneut halbieren. Davon eine Hälfte dünn ausrollen und auf die Füllung legen. Die Ränder gründlich andrücken. Aus dem restlichen Teig Verzierungen nach Belieben formen und auf den Teigdeckel legen.

5 Die Tarte mit dem Eigelb bepinseln und im vorgeheizten Ofen 50–60 Minuten goldbraun backen. Sollte die Tarte zu dunkel werden, mit Alufolie abdecken. Aus dem Backofen nehmen, aus der Form lösen und abkühlen lassen. Lauwarm oder kalt servieren.

Miniquiches
mit Spinat

Zutaten für 4 kleine Quicheformen (10–12 cm Durchmesser)

½ Packung Blätterteigplatten (225 g)

125 g Spinat · 1 Zwiebel

1 EL Butter

1 TL frisch gehackte Salbeiblätter

1 TL gehackte Thymianblättchen

150 g Crème fraîche

frisch geriebene Muskatnuss

2 TL Zitronensaft

Salz · frisch gemahlener Pfeffer

Zubereitungszeit: 20 Minuten
Backzeit: 30 Minuten

1 Die Blätterteigplatten nebeneinander ausbreiten und auftauen lassen.

2 Den Backofen auf 220 °C Ober- und Unterhitze vorheizen.

3 Den Spinat verlesen, putzen, waschen und in kochendem Salzwasser zusammenfallen lassen, dann abgießen, abschrecken, mit den Händen gut ausdrücken, etwas auflockern und grob hacken.

4 Die Zwiebel schälen und in Würfel oder feine Spalten schneiden. Dann in heißer Butter glasig dünsten, den Spinat und die Kräuter zugeben und kurz anbraten. Die Crème fraîche einrühren und mit Muskatnuss, Zitronensaft, Salz und Pfeffer würzen.

5 Die Blätterteigplatten auf einer leicht bemehlten Arbeitsfläche ausrollen und vier Kreise (etwa 12 cm Durchmesser) ausstechen. Überschüssigen Teig zu dünnen Rollen für die Ränder formen.

6 Die Blätterteigkreise auf ein mit Backpapier ausgelegtes Blech legen, die Ränder mit Wasser einpinseln und die Teigrollen rundum aufsetzen, dabei etwas andrücken. Den Spinat einfüllen und die Miniquiches im vorgeheizten Ofen in etwa 30 Minuten goldbraun backen. Nach dem Backen sofort servieren.

Bunter Gemüseflammkuchen und Spitzpaprika mit Couscoussalat

1 Für den Belag die Erbsen auftauen lassen.

2 Den Teig ebenso zubereiten wie für die Barbecue-Flammkuchen (siehe Seite 122, Punkt 1–3).

3 Für den Belag die Zwiebel(n) schälen und in feine Halbringe schneiden. Die bunten Paprikaschote putzen, waschen, halbieren und in Streifen schneiden. Schmand und Frischkäse verrühren.

4 Für die Spitzpaprika die Schoten waschen, an einer Seite einschneiden, die Kerne herausschneiden, ansonsten die Paprika ganz lassen. Die Schoten innen salzen und pfeffern.

5 Den Backofen auf 210 °C Ober- und Unterhitze vorheizen. Die Pinienkerne in einer Pfanne ohne Fett anrösten und den Fetakäse würfeln.

6 250 ml Salzwasser zum Kochen bringen, vom Herd nehmen, das Couscous einrühren und einige Minuten quellen lassen. Dann die Butter einrühren und den gewürfelten Käse mit den Pinienkernen untermengen. Das Ganze mit Salz und Pfeffer würzen.

7 Ein Backblech mit Backpapier auslegen, eine Auflaufform ausfetten. Die Paprikaschoten in die Auflaufform legen und mit dem Couscous füllen.

8 Den aufgegangenen Teig zu einem dünnen großen oder vier kleineren Fladen ausrollen und auf das Backblech legen. Die Schmandmasse auf den Teig streichen, die Gemüse darauf verteilen und mit Salz und Pfeffer würzen.

9 Flammkuchen und Paprikaschoten gleichzeitig in den Ofen schieben und in 15–20 Minuten goldbraun backen.

Zutaten für 4 Personen

Für den Boden:

200 g Mehl · 20 g frische Hefe · 1 TL Zucker

100–125 ml lauwarmes Wasser

50 ml Olivenöl · 1 TL Salz

Für den Belag:

100 g Erbsen (TK) · 1–2 rote Zwiebeln

3 Paprikaschoten (mehrfarbig) · 200 g Schmand

100 g Frischkäse · Salz · frisch gemahlener Pfeffer

Für die Spitzpaprika:

4 rote Spitzpaprika · Salz

frisch gemahlener Pfeffer · 100 g Pinienkerne

100 g Fetakäse · 250 g Couscous · 1 EL Butter

Zubereitungszeit: 40 Minuten
Garzeit: 15–20 Minuten
Ruhezeit: 1 Stunde

Karottenquiche
mit Ingwer und Walnüssen

Zutaten für 1 Quicheform (26 cm Durchmesser)

Für den Teig:

200 g Mehl

100 g Butter, gekühlt

1 Ei

Für den Belag:

8 Karotten

200 g Sahne

3 EL Crème fraîche

1 TL frisch geriebener Ingwer

3 Eier

3 EL frisch geriebener Parmesan

Salz

frisch gemahlener Pfeffer

2 EL grob gehackte Walnusskerne

Zubereitungszeit: 35 Minuten
Backen: 40 Minuten
Ruhezeit: 30 Minuten

1 Aus Mehl, kalten Butterwürfeln, Ei und gegebenenfalls 2 Esslöffeln Wasser einen glatten Mürbeteig kneten. In Frischhaltefolie gewickelt 30 Minuten kalt stellen.

2 Den Backofen auf 180 °C Umluft vorheizen.

3 Für den Belag die Karotten schälen und in Scheiben schneiden. In kochendem Salzwasser 4–5 Minuten bissfest blanchieren, abschrecken und abtropfen lassen.

4 Die Sahne mit Crème fraîche, Ingwer, Eiern und Parmesan verrühren. Mit Salz und Pfeffer würzen.

5 Den Teig etwas größer als die Form ausrollen, hineinlegen und einen etwa 2 cm hohen Rand hochziehen. Die Karottenscheiben auf den Teig legen und mit der Eiersahne übergießen. Im vorgeheizten Ofen in etwa 40 Minuten goldbraun backen. Sollte die Quiche zu dunkel werden, mit Alufolie abdecken. In der Form auskühlen lassen und mit Walnüssen bestreut servieren.

Süßes & Erfrischendes

Holundersekt
mit Limetten

Zutaten für 3–4 Liter

3 ½ l Wasser

350 g Zucker

½ unbehandelte Zitrone

20 Holunderblütendolden

2 unbehandelte Limetten

Zubereitungszeit: 20 Minuten
Ruhezeit: 36 Stunden

1 Das Wasser zum Kochen bringen und wieder abkühlen lassen.

2 Den Zucker mit dem ausgepressten Zitronensaft, den Blüten und den in dünne Scheiben geschnittenen Limetten in ein großes Glas geben.

3 Das Wasser über die Mischung gießen und so lange rühren, bis sich der Zucker gelöst hat.

4 Das Glas mit einem Küchenkrepp oder Mulltuch bedecken.

5 Die Mischung 2–3 Tage an einem sonnigen Fenster stehen lassen. Wenn Bläschen aufsteigen, ist das Getränk fertig.

Achtung: Der Holunderblütensekt gelingt nicht jedes Mal, darum immer erst vorsichtig probieren. Falls sich Schleim bildet – nicht trinken!!

Apfel-Basilikum-Eis
Gewürzkraut trifft Frucht

Zutaten für 4 Personen

350 g säuerliche Äpfel
150 ml naturtrüber Apfelsaft
1 Bund Basilikum
Saft und abgeriebene Schale von 1 unbehandelten Zitrone
3 EL Pistazien
130 g Zucker
1 Päckchen Vanillezucker
100 g Sahne
100 g Ricotta

Zubereitungszeit: 25 Minuten
Gefrierzeit: 4 Stunden

1 Die Äpfel vierteln, schälen und entkernen.

2 Äpfel mit Apfelsaft aufkochen und 2–3 Minuten zugedeckt garen. Dann vom Herd nehmen und abkühlen lassen.

3 Basilikum waschen, trocken schütteln und die Blättchen abzupfen.

4 Äpfel samt der Flüssigkeit mit Zitronensaft, Basilikumblättchen, 2 Esslöffeln Pistazien, dem Zucker und dem Vanillezucker fein pürieren und Zitronenschale, Sahne und Ricotta untermixen. Restliche Pistazien fein hacken und untermischen.

5 Die Masse in eine Metallschüssel füllen und für etwa 4 Stunden ins Gefrierfach stellen. Dabei häufig durchrühren, damit sich keine großen Eiskristalle bilden. Am besten gelingt das Eis natürlich in einer Eismaschine.

Erdbeerschaum
auf Rhabarberkompott

Zutaten für 4–6 Personen

Für den Erdbeerschaum:

6 Blatt Gelatine

500–600 g Erdbeeren (frisch oder TK)

100 g Zucker · 50 ml Weißwein nach Belieben

abgeriebene Schale und Saft von 1 Zitrone

250 g Sahne

Für das Kompott:

400–500 g Rhabarber · 250 ml Wasser

½ Vanilleschote · abgeriebene Schale und Saft von ½ unbehandelten Zitrone

100–125 g Zucker

Für die Garnitur:

½ unbehandelte Zitrone · Zucker, nach Bedarf

Zubereitungszeit: 40 Minuten
Kühlzeit: 2 Stunden

1 Für den Erdbeerschaum die Gelatine 10 Minuten in kaltem Wasser einweichen.

2 Die Erdbeerem mit dem Zucker mixen, bis sich der Zucker gelöst hat. Das Fruchtmark nach Belieben durch ein Sieb streichen, um die Kerne zu entfernen.

3 Dann das Ganze mit dem Weißwein, Zitronenschale und -saft verrühren.

4 Die Gelatine bei geringer Hitze unter Rühren auflösen. Etwa 2–3 Esslöffel vom Fruchtgemisch in die Gelatine rühren, dann alles gründlich unter die restliche Fruchtmasse rühren und kalt stellen.

5 Inzwischen die Sahne schnittfest schlagen. Wenn die Fruchtmasse am Rand beginnt, fest zu werden, die Sahne gut unterziehen und die Creme in Timbalförmchen portionieren. Zum Festwerden in den Kühlschrank stellen.

6 Für das Kompott den Rhabarber putzen und in schräge Streifen schneiden.

7 Den Rhabarber mit Wasser, Vanilleschote, Zitronenschale und -saft zum Kochen bringen. Einmal kurz aufkochen und dann das Kompott beiseitestellen und abkühlen lassen. Das noch warme Kompott nach Geschmack süßen.

8 Für die Garnitur die Zitrone in Scheiben schneiden, den Rand in Zucker tauchen.

9 Zum Servieren die Förmchen kurz in heißes Wasser stellen, dann den Rand mit einem Messer lösen und auf Teller stürzen. Mit dem Rhabarberkompott anrichten und mit den Zitronenscheiben garnieren.

Campari-Grapefruit-Granité

Kühles mit Schuss

1 Den Campari und den Zucker aufkochen lassen, dann mit dem Grapefruit- und dem Orangensaft mischen.

2 In eine Schale füllen und etwa 4–5 Stunden ins Gefrierfach stellen. Jede Stunde gut durchrühren.

3 In Gläser gefüllt mit einem Grapefruitschnitz servieren.

Zutaten für 4 Personen

300 ml Campari

100 g Zucker

300 ml Grapefruitsaft

200 ml frisch gepresster Orangensaft

Grapefruitschnitze für die Garnitur

Zubereitungszeit: 15 Minuten
Gefrierzeit: 4–5 Stunden

Rhabarber-Klatschmohn-Drink mit Blütenzauber

Zutaten für 4–6 Personen

Für den Sirup:

500 g Rhabarber

400 g Zucker

200 ml Wasser

abgeriebene Schale und Saft von 1 unbehandelten Zitrone

Außerdem:

1 Handvoll Klatschmohnblüten

1 Flasche Sekt (wahlweise Mineralwasser oder Limonade)

Zubereitungszeit: 20 Minuten

1 Den Rhabarber waschen, putzen und in Stücke schneiden.

2 Zucker mit 200 ml Wasser, der Zitronenschale und dem -saft aufkochen.

3 Dann den Rhabarber zugeben und bei schwacher Hitze etwa 20 Minuten köcheln. Anschließend durch ein feines Sieb passieren und auf Zimmertemperatur abkühlen lassen.

4 Zum Servieren den Rhabarbersirup etwa zwei Fingerbreit in Gläser füllen (etwa ¼ voll), Klatschmohnblüten darauf verteilen und nach Belieben mit Sekt, Mineralwasser oder Limonade auffüllen.

Mascarponecreme mit Aprikosen

Zutaten für 4 Personen

400 g Mascarpone · 100 g Joghurt
½ Zitrone · 50 g Zucker
1 EL Vanillezucker · ½ Vanilleschote
100 g Sahne (30 % Fett)
300 g Aprikosen (ersatzweise reife Pfirsiche)
2 EL gehackte Mandeln
4 cl Aprikosenlikör · 200 g Erdbeeren

Zubereitungszeit: 30 Minuten

1 Den Mascarpone mit dem Joghurt glatt rühren. Die Zitrone auspressen und zusammen mit dem Zucker, dem Vanillezucker und dem ausgekratzten Mark der Vanilleschote glatt rühren. Die Sahne steif schlagen und unterheben.

2 Die Aprikosen waschen, halbieren, entkernen und in Würfel schneiden. Mit den Mandeln und dem Likör vermengen.

3 Die Erdbeeren putzen, waschen, trocken tupfen und in Scheiben schneiden. Mit einem Viertel der Aprikosenmasse mischen und auf vier Gläser verteilen. Darauf die Mascarponecreme geben und mit den restlichen Aprikosen abschließen. Mit Blüten und Blättern garniert servieren

Erdbeereis
mit Vanillefüllung

1 Für das Eis die Erdbeeren putzen, waschen, pürieren und durch ein Sieb streichen, um die Kerne zu entfernen (etwa 250 g fertige Menge).

2 Das Fruchtmark so lange mit dem Zucker mixen, bis dieser sich gelöst hat.

3 Der Zitrone nach Belieben die Schale abreiben und zugeben; ansonsten Saft auspressen und damit das Fruchtmark abschmecken. Orangenlikör einrühren.

4 Die Sahne schnittfest schlagen und unter die Fruchtmasse ziehen. Das Eis in einem Gefäß im Gefrierfach fest werden lassen, dabei alle 30 Minuten umrühren. Am besten gelingt das Eis in einer Eismaschine.

5 Für die Füllung die Milch mit dem ausgekratzten Vanillemark und der Vanilleschote erhitzen.

6 Das Eiweiß zu Schnee schlagen und kühl stellen. Das Eigelb mit Zucker schaumig schlagen und die Stärke unterrühren. Aus der heißen Milch die Vanilleschote entfernen und die Milch nach und nach unter die Eigelbmasse ziehen. Das ganze Gemisch wieder in den Topf geben, unter Rühren einmal aufkochen und vom Herd nehmen. Den Eischnee unter die noch heiße Soße heben. Alles abkühlen lassen.

7 Zum Servieren die Vanillesoße in einen Spritzbeutel mit langer, dünner Tülle füllen.

8 Dann mit einem Eisportionierer lockere (innen möglichst noch etwas Luft) Kugeln aus dem Erdbeereis stechen.

9 Mit dem Spritzbeutel jede Kugel mit Vanillesoße füllen. Das Eis zügig anrichten und servieren.

Zutaten für 4–6 Personen

Für das Eis:

300–350 g Erdbeeren · 100–150 g Zucker

½ unbehandelte Zitrone

1 TL Orangenlikör · 250 g Sahne

Für die Füllung:

250 ml Milch · ½ Vanilleschote

1 Ei, getrennt · 30 g Zucker

2 TL Stärke

Zubereitungszeit: 30 Minuten
Gefrierzeit: 3 Stunden

Fliedersorbet
mit Karamellstreifen

Zutaten für 4–6 Personen

2 unbehandelte Zitronen
250 ml Weißwein
200 g Zucker
5 Dolden voll aufgeblühter, unbehandelter Flieder
1 Blatt weiße Gelatine

Zubereitungszeit: 30 Minuten
Ruhezeit: 24 Stunden
Kühlzeit: 4 Stunden

1 Die Zitronen heiß waschen und die Schale in Streifen abschneiden. Die Zitronen halbieren und auspressen. 250 ml Wasser, den Wein, 150 g Zucker, den Zitronensaft und die -schale aufkochen. Anschließend abkühlen lassen. 3–4 Dolden Fliederblüten hineinlegen, abdecken und 1 Tag darin ziehen lassen.

2 Am nächsten Tag den Sud durch ein feines Sieb gießen. Die Gelatine 10 Minuten in kaltem Wasser einweichen. Etwas Sud erwärmen, Gelatine ausdrücken, darin auflösen und unter den restlichen Sud mischen. Die Flüssigkeit in eine flache Schüssel gießen, für etwa 4 Stunden ins Gefrierfach stellen und alle 20 Minuten mit dem Schneebesen kräftig durchrühren.

3 Für den Fliederkaramell ein Backblech mit Backpapier belegen. Vom restlichen Flieder die Blüten einzeln abzupfen. Den übrigen Zucker bei geringer Hitze in einer Pfanne schmelzen lassen und karamellisieren. Mithilfe eines Esslöffels Karamellstreifen auf das Backpapier ziehen, sofort die Blüten daraufstreuen und erstarren lassen.

4 Das Sorbet auf Gläser verteilen und mit den Karamellblüten garnieren.

Holunderblütensorbet mit Zuckerblüten

Zutaten für 4 Personen

Für den Sirup:

100 ml Wasser

100 g Zucker

abgeriebene Schale und Saft von ½ unbehandelten Zitrone

4 – 5 Holunderblütendolden

Für das Sorbet:

200 g Zucker

200 ml lauwarmes Wasser

150 ml Prosecco

Für die Garnitur:

4 frische Holunderblütendolden

1 Eiweiß

Zucker zum Bestreuen

Zubereitungszeit: 25 Minuten
Gefrierzeit: 5 Stunden

1 Für den Sirup das Wasser mit Zucker, Zitronenschale und -saft zum Kochen bringen. Die Blüten einlegen, einmal aufkochen, vom Herd nehmen und abkühlen lassen. Dann den Sirup nach Belieben abseihen.

2 Für das Sorbet den Zucker im lauwarmen Wasser unter Rühren auflösen. Das Zuckerwasser mit Sirup und Prosecco mischen. Das Ganze in eine Schale füllen und ins Gefrierfach stellen.

3 Nach einer knappen Stunde gut durchrühren. Das Ganze wiederholen, bis das Sorbet nach 4 – 5 Stunden vollständig gefroren ist. Am besten gelingt das Sorbet in einer Eismaschine.

4 Inzwischen die Holunderblüten mit Eiweiß bestreichen und mit Zucker bestreuen.

5 Vor dem Servieren das Sorbet etwas antauen lassen und mit den Zuckerblüten garnieren.

Erdbeer-Holunderblüten-Aufstrich zum Frühstück

Zutaten für 4 Gläser (je etwa 400 ml)

1 kg Erdbeeren

3 Handvoll abgezupfte Holunderblüten

Saft von ½ Zitrone

500 g Gelierzucker (Verhältnis 2:1)

Zubereitungszeit: 30 Minuten

1 Die Erdbeeren putzen, waschen, klein schneiden und etwas zerdrücken. Holunderblüten, Zitronensaft und Gelierzucker untermischen und etwa 1 Stunde ziehen lassen. Dann unter Rühren zum Kochen bringen. Mindestens 4 Minuten unter Rühren sprudelnd kochen lassen.

2 Die vorbereiteten Gläser randvoll füllen und sofort verschließen. 10 Minuten auf den Deckel stellen, anschließend wenden und auskühlen lassen.

Weil der Aufstrich fest verschlossen schön lange haltbar ist, kann er ganz einfach eingelagert werden, um an kalten Wintertagen den Sommer zurück aufs Brot zu holen!

Erdbeergrütze
mit süßem Pesto

Zutaten für 4 Personen

Für die Erdbeergrütze:

800 g Erdbeeren
2 Äpfel
60 g Zucker
400 ml Johannisbeersaft
Saft von ½ Zitrone
3 EL Stärke
2 EL Cassislikör

Für das Pesto:

1 Bund Basilikum
½ Bund Minze
50 g Pinienkerne
50 g Mandeln, geschält
2 EL Mascarpone
50 g Joghurt
50 g Puderzucker
Saft von ½ Zitrone

Zubereitungszeit: 20 Minuten
Koch- und Auskühlzeit: 30 Minuten

1 Für die Erdbeergrütze die Erdbeeren putzen, waschen und je nach Größe halbieren oder vierteln.

2 Äpfel schälen, vierteln, entkernen und das Fruchtfleisch fein raspeln.

3 Zucker in einen Topf geben und bei schwacher Hitze karamellisieren. Mit Johannisbeersaft und Zitronensaft ablöschen. Apfelraspel zugeben, kurz mitköcheln lassen. Stärke mit Cassislikör glatt rühren und die Fruchtsoße damit binden. Vom Herd nehmen und die Erdbeeren untermengen. Auskühlen lassen.

4 Für das Pesto Basilikum- und Minzblätter abzupfen. Mit Pinienkernen, Mandeln, Mascarpone, Joghurt, Puderzucker und Zitronensaft in einen Mixer geben und fein pürieren.

5 Grütze und Pesto in separate Schälchen füllen und nach Belieben mit Löffelbiskuits servieren.

Quark-Reis-Auflauf
mit Schattenmorellen

Zutaten für 6–8 Personen

1 Glas Schattenmorellen (Sauerkirschen)

Für den Milchreis:

1 l Milch · 1 Prise Salz

abgeriebene Schale von ¼ unbehandelten Zitrone

¼ Vanilleschote · 250 g Milchreis

Für die Schaummasse:

4 Eier, getrennt · 50 g weiche Butter

100 g Zucker · 250 g Quark (20 % Fett)

Butter für die Tassen

Puderzucker zum Bestäuben

Zubereitungszeit: 30 Minuten
Backzeit: 30–40 Minuten

1 Den Backofen auf 200 °C Ober- und Unterhitze vorheizen. Den Rost aus dem Backofen nehmen.

2 Die Schattenmorellen abgießen, gut abtropfen lassen.

3 Für den Milchreis die Milch mit Salz, Zitronenschale, ausgekratztem Vanillemark, der Vanilleschote und Reis zum Kochen bringen. Bei mäßiger Hitze 25–35 Minuten ausquellen lassen. Die Vanilleschote herausnehmen und den Milchreis abkühlen lassen.

4 Sechs bis acht weite Porzellantassen ausbuttern und auf den Backofenrost stellen.

5 Für die Schaummasse die Eiweiße zu Schnee schlagen und kühl stellen.

6 Die Butter cremig rühren. Abwechselnd Eigelbe und Zucker zufügen. Dann den Quark nach und nach untermengen.

7 Den Eischnee auf die Quarkmasse häufen und mit dem Milchreis unterziehen.

8 Die Reismasse in die Tassen füllen, die Kirschen darauf verteilen und in 30–40 Minuten goldbraun backen.

9 Vor dem Servieren mit Puderzucker bestäuben.

Ausgebackene Ricottapfannküchlein mit Puderzucker

1 Die Eier trennen. Den Ricotta mit der Milch und den Eigelben in einer Schüssel verrühren. Das Mehl und das Backpulver über die Mischung sieben und unterrühren.

2 Die Eiweiße mit einer Prise Salz zu einem festen Schnee schlagen. Anschließend unter die Ricottamischung ziehen.

3 In einer großen beschichteten Pfanne etwas Butterschmalz erhitzen. Pro Pfannkuchen 1 großen Esslöffel Teig in die Pfanne geben. Bei mittlerer Hitze etwa 2 Minuten ausbacken, bis die Unterseite goldbraun ist. Anschließend umdrehen und die andere Seite goldbraun und gar backen.

4 Die Pfannküchlein mit Puderzucker bestäuben, anrichten und servieren.

Zutaten für 4–6 Personen

4 Eier, getrennt · 350 g Ricotta

185 ml Milch · 140 g Mehl

1 TL Backpulver · 1 Prise Salz

Butterschmalz zum Braten

Puderzucker zum Bestäuben

Zubereitungszeit: 40 Minuten

Brombeerquark
blitzschnell zubereitet

Zutaten für 4 Personen

- 500 g Brombeeren
- 125 g Sahne
- 1 Päckchen Sahnesteif
- 2 Eigelb
- 50 – 80 g Zucker
- 2 TL Vanillezucker
- 300 g Quark (20 % Fett)

Zubereitungszeit: 15 Minuten

1 Alle Brombeeren verlesen und waschen. 125 g davon pürieren. Einige Brombeeren für die Garnitur beiseitelegen.

2 Die Sahne mit Sahnesteif schnittfest schlagen und kühl stellen.

3 Die Eigelbe mit dem Zucker und Vanillezucker zu einer Schaummasse schlagen. Die pürierten Brombeeren abwechselnd mit dem Quark zufügen. Alles zu einer lockeren Masse rühren.

4 Die Sahne mit den restlichen ganzen Brombeeren, außer denen für die Garnitur, unterziehen. Den Quark bis zum Servieren kühlen, dann mit den Brombeeren verzieren.

Zitronen-Cupcakes
fruchtige Minikuchen

Zutaten für 10 Stück

Butter für die Form

Semmelbrösel für die Form

Für den Teig:

4 Eier, getrennt

2 EL warmes Wasser

150 g Zucker

2 TL Vanillezucker

1 Prise Salz

abgeriebene Schale von 1 unbehandelten Zitrone

75 g Mehl

50 g Stärke

1 Msp. Backpulver

Für den Belag:

25 g Stärke

250 ml Milch

50 g Zucker

abgeriebene Schale und Saft von 1 unbehandelten Zitrone

75 g weiche Butter

Für die Garnitur:

1 unbehandelte Zitrone

1 unbehandelte Orange

Zubereitungszeit: 30 Minuten
Backzeit: 10–15 Minuten

1 Den Backofen auf 200 °C Ober- und Unterhitze vorheizen. Ein Muffinblech ausbuttern und mit Semmelbröseln ausstreuen oder mit Papierbackförmchen auslegen.

2 Für den Teig die Eiweiße zu Schnee schlagen und kühl stellen. Die Eigelbe mit Wasser, Zucker, Vanillezucker, Salz und Zitronenschale zu einer voluminösen Schaummasse aufschlagen.

3 Das Mehl mit Stärke und Backpulver mischen.

4 Den Eischnee auf die Schaummasse häufen, das Mehlgemisch darübersieben und alles gut unterziehen. Die Masse auf die Förmchen verteilen und in 10–15 Minuten goldbraun backen.

5 Die Törtchen auf einem Kuchengitter erkalten lassen.

6 Für den Belag die Stärke mit etwas Milch anrühren. Den Rest der Milch mit Zucker und Zitronenschale zum Kochen bringen. Die Stärke einrühren, dabei einmal aufkochen lassen und vom Herd nehmen. Dann 3 Esslöffel Zitronensaft zufügen und den Pudding ganz erkalten lassen.

7 Die Butter cremig rühren und den Pudding nach und nach unterrühren. Die Creme auf die Törtchen verteilen und glatt streichen.

8 Für die Garnitur von der Zitrone die Schale fein abreiben, von der Orange lange Zesten abreißen und die Cupcakes damit garnieren.

Gegrillte Wassermelone
mit Sauerrahm-Orangen-Eis

Zutaten für 4–6 Personen

Für das Eis:

2 Blatt Gelatine · 3 Eigelb

80 g Zucker · 2 TL Vanillezucker

4 unbehandelte Orangen

Saft von 1 Zitrone

4 EL Weißwein · 125 g Sahne

125 g saure Sahne (Sauerrahm)

Für die Wassermelone:

¼ Wassermelone

Minze für die Garnitur

Zubereitungszeit: 30 Minuten
Kühlzeit: 4 Stunden

1 Für das Eis die Gelatine etwa 10 Minuten in kaltem Wasser einweichen.

2 Die Eigelbe mit Zucker und Vanillezucker zu einer Schaummasse aufschlagen. Die abgeriebene Schale einer Orange, den ausgepressten Saft aller Orangen, den Zitronensaft und den Weißwein unterrühren. Das Gemisch in einen Topf geben und unter Rühren bei mäßiger Hitze schlagen, bis die Masse sämig wird, aber nicht kochen! Die Masse vom Herd nehmen und kurz weiterschlagen, damit sie nicht gerinnt.

3 Die eingeweichte und gut ausgedrückte Gelatine unter die warme Masse rühren. Unter häufigem Durchschlagen die Masse abkühlen lassen, dann kalt stellen.

4 Die Sahne schnittfest schlagen und mit der sauren Sahne unter die erkaltete Creme ziehen. In einem Gefäß im Gefrierfach fest werden lassen, dabei alle 30 Minuten umrühren. Am besten gelingt das Eis in einer Eismaschine.

5 Für die Melone den grünen Rand der Frucht abschneiden und das Viertel in knapp 1 cm dicke Scheiben schneiden.

6 Auf einem Grill oder in einer heißen Edelstahlpfanne die Melonenscheiben beidseitig goldbraun anbraten und auf die Teller verteilen.

7 Das Eis daraufgeben und mit abgeriebener Orangenschale und Minze garnieren.

Erdbeerkaltschale
mit Lavendel und Vanillesahne

1 Für die Kaltschale die Erdbeeren putzen, waschen und je nach Größe halbieren bzw. vierteln.

2 Das Wasser mit fast dem ganzen Orangensaft erhitzen. Mit dem restlichen Saft die Stärke anrühren. Das heiße Saftgemisch nach und nach unter die Stärke rühren, alles in den Topf zurückgießen und einmal aufkochen lassen. Die Erdbeeren hinzufügen und die Blüten von zwei Lavendelzweigen hineinstreifen. Alles ohne weitere Hitzezufuhr gar ziehen lassen.

3 Das lauwarme Kompott mit Zucker süßen, nach Belieben mit etwas Orangenlikör abschmecken, dann ganz erkalten lassen. Bis zum Servieren in den Kühlschrank stellen.

4 Für die Vanillesahne die Sahne cremig aufschlagen, dabei den Vanillezucker einrieseln lassen.

5 Die Erdbeerkaltschale in kleine Schüsseln füllen, mit einem Klecks Vanillesahne und einer Rispe Lavendelblüten garnieren.

Zutaten für 4–6 Personen

Für die Kaltschale:

750 g Erdbeeren · 500 ml Wasser

250–500 ml Orangensaft

25 g Stärke

4 unbehandelte Blütenrispen Lavendel

50–80 g Zucker

Orangenlikör nach Belieben

Für die Vanillesahne:

100–200 g Sahne

2–4 TL Vanillezucker

Zubereitungszeit: 30 Minuten
Kühlzeit: 2 Stunden

Heidelbeer-Joghurt-Eis
in Marmoroptik

Zutaten für 2 Liter

500 g Heidelbeeren

1 kg Joghurt (10 % Fett)

250 g Zucker

6 EL Kokoslikör

2 Eiweiß

100 g Zucker

2 EL Zitronensaft

2 EL Heidelbeerlikör

200 g Sahne (mindestens 30 % Fett)

Zubereitungszeit: 25 Minuten
Gefrierzeit: 5 Stunden

1 Den Joghurt mit dem Zucker und dem Kokoslikör glatt rühren. Die Eiweiße zu steifem Schnee schlagen und unterheben. In eine Schale füllen und im Gefrierschrank 3 Stunden gefrieren lassen dabei alle 30 Minuten kräftig umrühren.

2 Die Heidelbeeren mit dem Zucker, dem Zitronensaft und dem Likör in einen Mixer geben und pürieren. Die Sahne steif schlagen und unterheben. Das angefrorene Joghurteis aus dem Gefrierschrank nehmen und mit der Heidelbeermasse marmorieren. Für weitere 2 Stunden gefrieren lassen, dabei nicht mehr durchrühren.

Himbeerroulade
für die Kaffeetafel

Zutaten für 1 große Kastenform

Für den Teig:

500 g Mehl

20 g frische Hefe

80 g Zucker

250 ml lauwarme Milch

100 g sehr weiche Butter

½ TL Salz

2 Eier

2 TL Vanillezucker

abgeriebene Schale von 1 unbehandelten Zitrone

Butter (für die Form)

Semmelbrösel (für die Form)

Für die Füllung:

200–300 g Himbeerkonfitüre

1–2 EL Himbeergeist nach Belieben

Für die Garnitur:

Puderzucker zum Bestäuben

frische Himbeeren

Zubereitungszeit: 30 Minuten
Backzeit: 50 Minuten
Ruhezeit: 1 Stunde

1 Für den Teig das Mehl in eine Schüssel sieben, mittig eine Mulde formen. In die Mulde die Hefe bröckeln, 2 Teelöffel Zucker dazugeben und mit etwas lauwarmer Milch und Mehl verrühren. Mit Mehl bestäuben und zugedeckt an einem warmen Ort 15 Minuten gehen lassen.

2 Die weiche Butter, Salz, Eier, Vanillezucker und Zitronenschale am Rand der Teigschüssel verteilen und alles mit den Knethaken des Handrührgeräts zu einem Teig verarbeiten. Dabei so viel Milch zugeben, dass der Teig weich, aber nicht klebrig wird.

3 Den ganzen Teig zugedeckt in etwa 30 Minuten aufgehen lassen, bis er das doppelte Volumen erreicht hat.

4 Den Backofen auf 190 °C Ober- und Unterhitze vorheizen. Eine Kastenform ausbuttern und mit Semmelbröseln ausstreuen.

5 Den aufgegangenen Teig zu einem Rechteck ausrollen.

6 Für die Füllung die Himbeerkonfitüre nach Belieben mit etwas Himbeergeist glatt rühren, nach Geschmack durch ein Sieb passieren, um die Kerne zu entfernen. Den Teig mit der Konfitüre bestreichen. Das Ganze wie einen Strudel zusammenrollen und in die Form legen. Nochmals zugedeckt 15 Minuten gehen lassen, dann in 40–50 Minuten goldbraun backen.

7 Den Kuchen etwas in der Form abkühlen und anschließend auf einem Kuchengitter ganz erkalten lassen.

8 Für die Garnitur den Kuchen mit Puderzucker bestäuben und mit frischen Himbeeren belegen.

Aprikosenkrapfen
mit Puderzucker

Zutaten für 4–6 Personen

Für den Teig:

300 g Mehl · 1 Prise Salz

abgeriebene Schale
von ½ unbehandelten Zitrone

1 TL Vanillezucker · 80 g Zucker

80 g Butter · 2 Eier · 1 Eigelb · 2 EL Rum

2–3 EL Schmand

Öl oder Butterschmalz zum Ausbacken

Für die Füllung:

250 g Aprikosen (frisch oder Dose)

Puderzucker nach Bedarf

Marillenlikör nach Belieben

Puderzucker zum Bestäuben

Zubereitungszeit: 40 Minuten
Kühlzeit: 20 Minuten

1 Für den Teig das Mehl mit Salz, Zitronenschale, Vanillezucker und Zucker vermischen.

2 Die Butter mit einer Teigkarte unterhacken.

3 Dann die Eier mit Eigelb, Rum und Schmand einarbeiten und alles zu einem geschmeidigen Teig verkneten. Anschließend 15–20 Minuten kühl stellen.

4 In einem weiten Topf so viel Ausbackfett erhitzen, dass das Gebäck darin „schwimmen" kann.

5 Für die Füllung die Aprikosen fein würfeln; frische Früchte mit etwas Puderzucker süßen. Nach Belieben die Fruchtwürfelchen mit etwas Marillenlikör abschmecken.

6 Den Teig in zwei Portionen teilen. Eine Portion auf der bemehlten Arbeitsfläche 2–3 mm dünn zu einem Rechteck ausrollen, vorsichtig beiseitelegen.

7 Die andere Hälfte des Teigs ausrollen. Auf dem Teig mit einem Teigrädchen Quadrate (6 x 6 cm) andeuten. In die Mitte der Quadrate etwas Aprikosenfüllung geben, die Ränder ganz leicht mit etwas Wasser bepinseln.

8 Den zweiten ausgerollten Teig darüberlegen, um die Füllung herum gut andrücken und die Quadrate mit dem Teigrädchen ausschneiden.

9 Die Krapfen im heißen Fett von beiden Seiten 1–2 Minuten goldgelb frittieren, auf Küchenkrepp abtropfen lassen und mit Puderzucker bestäubt servieren.

Quarkknödel
mit Rhabarberkompott

1 Für das Kompott den Rhabarber waschen, putzen und schräg in Stücke schneiden. Den Weißwein mit Honig und aufgeschlitzter Vanilleschote aufkochen, Rhabarber dazugeben und unter gelegentlichem Rühren 2–3 Minuten köcheln lassen. Er sollte nicht zerfallen, aber gar sein.

2 Vom Herd nehmen und auskühlen lassen. Sollte die Soße zu flüssig sein, Rhabarber herausnehmen und die Soße bis zur gewünschten Konsistenz einköcheln lassen. Auskühlen lassen und schließlich den Rhabarber wieder zugeben.

3 Für die Knödel den Quark gut abtropfen lassen und falls nötig in einem sauberen Tuch ausdrücken. Mit dem Ei, Mehl, Grieß, Semmelbröseln, der sauren Sahne, Zucker und Zitronenabrieb zu einem Teig verkneten. Sollte der Teig zu feucht und klebrig sein, noch etwas Mehl zugeben. Die Masse etwa 1 Stunde kalt stellen.

4 Die Erdbeeren waschen, putzen und trocken tupfen. Vom Teig jeweils mit einem Esslöffel etwas Masse abstechen und Knödel formen. Flach drücken, je eine Erdbeere in die Mitte geben und mit dem Teig umschließen. Zu einem runden Knödel formen und alle Knödel in leicht gesalzenem, köchelndem Wasser etwa 10 Minuten gar ziehen lassen.

5 Die Butter schmelzen lassen, mit Semmelbröseln und Zimtzucker vermengen. Die Knödel mit einem Schaumlöffel aus dem Wasser nehmen, in den Bröseln wenden und mit dem Kompott servieren.

Zutaten für 4 Personen

Für das Kompott:

500 g Rhabarber · 100 ml Weißwein

2–3 EL Honig nach Belieben · 1 Vanilleschote

Für die Knödel:

400 g Quark · 1 Ei · etwa 50 g Mehl

50 g Grieß · 50 g Semmelbrösel

2 EL saure Sahne · 2 EL Zucker

1 Msp. abgeriebene Schale einer unbehandelten Zitrone · 8 Erdbeeren · Salz

70 g Butter · 6–8 EL Semmelbrösel

2 EL Zimtzucker

Zubereitungszeit: 50 Minuten
Kühlzeit: 1 Stunde
Garzeit: 12 Minuten

Erdbeertiramisu

Klassiker in der Fruchtvariante

Zutaten für 4–6 Personen

Für die Fruchteinlage:

500 g Erdbeeren

20 ml Orangenlikör

Saft von 1 Orange

1 EL Vanillezucker

Für die Creme:

200 g Sahne

1 Päckchen Sahnesteif

1 TL Vanillezucker

250 g Mascarpone oder Quark (20 % Fett)

50 g Zucker

200 g Löffelbiskuits oder Biskuitplätzchen

Für die Garnitur:

Kakaopulver zum Bestäuben

Erdbeerhälften

Biskuitplätzchen

Zitronenmelisse

Zubereitungszeit: 30 Minuten
Kühlzeit: 2 Stunden

1 Für die Fruchteinlage die Erdbeeren waschen, putzen und vierteln. Für die Tränkflüssigkeit etwa 150 g Erdbeeren mit Orangenlikör und Orangensaft verrühren.

2 Die restlichen Erdbeeren mit dem Vanillezucker vermischen und etwas ziehen lassen.

3 Für die Creme die Sahne mit Sahnesteif und Vanillezucker schnittfest schlagen. Den Mascarpone mit Zucker gut verrühren und die Sahne unterziehen.

4 Die Zutaten in folgender Reihenfolge in eine Dessertschale füllen: etwas Creme, dann mit Tränkflüssigkeit bestrichene Löffelbiskuits, wieder Creme, dann sowohl Vanilleerdbeeren als auch die getränkten Erdbeeren, mit Creme abschließen.

5 Für die Garnitur die oberste Cremeschicht mit etwas Kakao bestäuben, ½ Erdbeere und zwei oder drei Biskuitplätzchen darauflegen und mit einem Zitronenmelissezweig dekorieren.

Rote Grütze
auf Vanillesoße

Zutaten für 4–6 Personen

Für die Grütze:

750 g gemischte rote Früchte (z. B. Himbeeren, Erdbeeren, Johannisbeeren, Kirschen)

350 ml Johannisbeersaft

abgeriebene Schale von ½ unbehandelten Zitrone

½ Vanilleschote

65 g Stärke

100–150 g Zucker

1–2 EL Rotwein nach Belieben

Für die Vanillesoße:

500 ml Milch

½ Vanilleschote

2 Eier, getrennt

40 g Zucker

2–3 TL Stärke

Zubereitungszeit: 30 Minuten

1 Für die Grütze die Beeren mit 250 ml Johannisbeersaft, Zitronenschale und der aufgeschlitzten Vanilleschote zum Kochen bringen.

2 Inzwischen die Stärke mit dem restlichen Saft anrühren. Dieses Gemisch unter die kochenden Früchte rühren, einmal aufkochen, dann vom Herd nehmen.

3 Die Vanilleschote herausnehmen und die Grütze nach Geschmack mit Zucker süßen und mit Rotwein abschmecken. Die Grütze portionieren oder in eine große Schüssel füllen, ganz abkühlen lassen und bis zum Servieren in den Kühlschrank stellen.

4 Für die Vanillesoße die Milch mit der aufgeschlitzten Vanilleschote zum Kochen bringen.

5 Inzwischen die Eiweiße zu Schnee schlagen und kühl stellen. Aus den Eigelben und dem Zucker eine Schaummasse schlagen und die Stärke unterrühren. Die kochende Milch langsam nach und nach einrühren. Dann alles in den Topf zurückgießen und unter Rühren einmal aufkochen. Die Vanillesoße vom Herd nehmen, Vanilleschote entfernen und den Eischnee unter die noch heiße Soße ziehen.

6 Etwas warme Vanillesoße in eine weite Tasse oder eine Dessertschale füllen und rote Grütze daraufgeben. Nach Belieben etwas Vanillesoße separat dazureichen.

Hollerküchle
auf Weinschaumsoße

Zutaten für 4 Personen

4 Handvoll Holunderblüten

1 Ei · 125 g Mehl · 150 ml Milch

Prise Salz · 1 EL Zucker

Öl oder Frittierfett zum Ausbacken

Puderzucker zum Bestäuben

Für das Vanille-Sabayon:

3 Eigelb · 1 EL Vanillezucker

75 g Zucker · 2 EL Vanillelikör

100 ml Weißwein

Für die Garnitur:

300 g Erdbeeren

Zubereitungszeit: 45 Minuten

1 Holunderblüten waschen, abtropfen lassen. Das Ei verquirlen, mit Mehl, Milch, Salz und Zucker glatt rühren. Holunderblüten in die Masse eintauchen und im heißen Öl bei etwa 160–170 °C goldgelb ausbacken (frittieren). Dann auf Küchenkrepp abtropfen lassen.

2 In der Zwischenzeit für das Sabayon die Eigelbe mit Vanillezucker und Zucker über einem Wasserbad bei mäßiger Temperatur leicht aufschlagen. Den Likör und den Weißwein zufügen und weiterschlagen, bis das Sabayon eine cremige, luftige Konsistenz hat. In Schälchen füllen.

3 Die Erdbeeren waschen, putzen und halbieren, zusammen mit den Hollerküchle auf Tellern anrichten und mit Puderzucker bestäubt servieren.

Frittierte Kirschen
im Teigmantel

1 Die Kirschen waschen und gut trocken tupfen. Für den Teig die Eier trennen. Das Mehl mit dem Weißwein, dem Honig und den Eigelben glatt rühren. Etwa 20 Minuten ruhen lassen, dann die steif geschlagenen Eiweiße unterziehen. Der Teig sollte zähflüssig, aber locker sein. Bei Bedarf etwas mehr oder weniger Weißwein verwenden.

2 Die Kirschen einzeln durch den Teig ziehen und portionsweise im heißen Öl etwa 2 Minuten goldbraun backen. Auf Küchenkrepp abtropfen lassen und sofort in Zimtzucker wenden. Noch warm servieren.

Zutaten für 4 Personen

400 g Kirschen

Für den Teig:

2 Eier · 120 g Mehl

etwa 120 ml Weißwein

1 EL Honig · Öl zum Frittieren

Zimtzucker zum Wenden

Zubereitungszeit: 30 Minuten
Ruhezeit: 20 Minuten

Register

Bildnachweis

Die Fotografien wurden von der StockFood GmbH zur Verfügung gestellt mit Genehmigung von:

Anthony-Masterson 5, 26, 59 (unten) – Atkinson, Dr. Sue 27 (oben links) – Bialy, Dorota i Bogdan 99, 175
Biglife 46 – Bischof, Harry 43, 80, 81, 82, 83, 87, 109 – Brachat, Oliver 37 – Cazals, Jean 41, 45, 163
Diez, Ottmar 129 (unten) – Eckhardt, Sandra/FC 153 (oben links)
Eising, Susie M. 15, 17, 23, 30, 31, 36, 47, 51, 53, 57, 62, 63, 65, 66, 67, 70, 85, 86, 91, 97, 101, 103, 105, 114, 121, 123, 125, 135, 141, 142, 146, 151, 157, 158, 164, 169 (oben links), 172, 177
Ellert, Luzia 136/137, 165 – Fenney, Geoff 77 (unten) – Fenot, Eric 39
Foodcollection 18, 61, 102, 127, 153 (oben rechts), 168
Garlick, Ian 24, 115 – Gerlach, Hans 178 – Grayland, Vicki 59 (oben links), 77 (oben)
Heinze, Winfried 55, 71, 75, 159 – Hoersch, Julia 21, 29, 73, 79, 173 – Hrbkov, Alena 153 (unten)
Hussey, Clinton 152 – Johns, Douglas 116/117 – Kirchherr, Jo 113 – Kleinschmidt, Wolfgang 147, 167
Kohl, Ulrike 143 – Lehmann, Herbert 107 (unten rechts) – Lehmann, Jörg 93, 122, 133
Liebenstein, Jana 27 (unten rechts), 59 (oben rechts) – Lindeblad, Matilda 25
Lutterbeck, Barbara 7, 129 (oben rechts) – Mackevicius, Ashley 88/89
Madamour, Christophe 129 (oben links) – Mohr, Sandra 106 – Morgans, Gareth 119
Nilsson, P. 107 (unten links) – Norwood Browne, Angie 14 – Paul, Michael 76
Persson, Per Magnus 169 (unten) – Plewinski, Antje 40 – Pousette, Ulrika 69
Raben, Sven C. 27 (oben rechts), 58 – Rogge & Jankovic 107 (oben rechts)
Schardt, Wolfgang 11, 35, 131, 145, 149, 179 – Schindler, Martina 161
Schwarzwald, Oliver 128, 155, 169 (oben rechts) – Shaffer Smith Photography 8/9
Sporrer, Brigitte 33 – Strauss, F. 27 (unten links), 48/49, 107 (oben links), 139
Studio Adna 52 – Studio Lipov 94, 171 – Teubner Foodfoto 13 – Tuma, Clara 111
Winkelmann, Bernhard 19, 54, 132 – Zogbaum, Armin 95

In gleicher Reihe erschienen ...

ISBN 978-3-86244-041-2

Ein duftender Kuchen frisch vom Blech weckt Erinnerungen an Kindheitstage und ist der Höhepunkt auf jeder Kaffeetafel. Und der Genuss ist kaum zu überbieten, wenn erntefrische Sommerfrüchte die Hauptrolle spielen. Verwöhnen Sie Familie und Gäste mit den besten Landfrauen-Kuchen und neuen Klassikern: ob Apfel-Beeren-Kuchen mit Marzipan oder Quark-Aprikosen-Schnitten, ob Mandeltarte mit Himbeeren oder Erdbeerkuchen mit Holunderblütencreme.